AF570604

CORNELIA MEINTS

# FRISCHKÄSE Kochbuch

Die leckersten Frischkäse Rezepte für jeden Geschmack und Anlass

Alle Ratschläge in diesem Buch wurden vom Autor und vom Verlag sorgfältig erwogen und geprüft. Eine Garantie kann dennoch nicht übernommen werden. Eine Haftung des Autors beziehungsweise des Verlags für jegliche Personen-, Sach- und Vermögensschäden ist daher ausgeschlossen.


Email: info@edition-lunerion.de
www.edition-lunerion.de



Psiana eCom UG
Berumer Str. 44
26844 Jemgum

# Vorwort

Klar, Frischkäse auf dem Brötchen ist eine feine Sache – aber gleich ein ganzes Kochbuch? Oh ja! Denn das unscheinbare Milchprodukt mit der unschlagbar cremigen Konsistenz hat so einiges mehr drauf, als nur unter Käsescheiben zu verschwinden – also schnappen Sie sich dieses Kochbuch und überlassen Sie dem Frischkäse die Bühne!

Ob in cremigem Kuchen, auf herzhafter Brotzeit, in sahnigen Saucen oder als Geheimzutat in Suppen, Reis, Pasta, Fleischgerichten und allerhand mehr: Frischkäse verleiht mit seiner cremigen Konsistenz und dem mild-säuerlichen Geschmack zahlreichen Speisen das ganz besondere Etwas. Darüber hinaus versorgt er besonders Sportler und Vegetarier mit einer tüchtigen Portion Eiweiß, ist dank geringem Milchzuckergehalt auch für viele Laktose-Intolerante geeignet und punktet mit deutlich weniger Fett als Sahne, Butter & Co. Gute Gründe also, Frischkäse öfter einmal auf den Speiseplan zu setzen, und mit den Rezepten in diesem Buch geht das ganz einfach. Ob Salat, Suppe, Hauptgericht oder Dessert, hier finden Fleisch- und Fischfans genauso reichlich Auswahl wie Veggies und entdecken inspirierende Kreationen rund um das Milchprodukt.

*Guten Appetit!*

# INHALT

# Wissenswertes

Frischkäse lässt sich in der Küche super vielseitig einsetzen und verleiht jedem Gericht, egal, ob süß oder herzhaft, einen einzigartigen und cremigen Geschmack! Von Frühstück über Vorspeisen und Hauptgerichte bis hin zu Snacks, Desserts und vielem mehr bietet dieses Buch mit seinen 90 Rezepten eine großartige Auswahl quer durch die Küche! Sie werden erstaunt sein, wie viele Speisen mit Frischkäse das gewisse Extra im Geschmack erhalten, und schnell Ihre absoluten Lieblingsrezepte finden!

Bevor ich Ihnen ein paar generelle Informationen, Tipps und Hinweise mit auf den Weg gebe, wünsche ich Ihnen viel Freude am Kochen und Backen – ein cremiger Frischkäse, ob selbstgemacht oder gekauft, wird Ihre neue Geheimzutat in der Küche werden!

## Geschmack

Der klassische Naturfrischkäse ist im Geschmack leicht säuerlich und cremig-milchig. Je nach Fettgehalt ist er eher neutral, mild oder sahnig. Im Supermarkt finden Sie viele Variationen mit Kräutern, Früchten, Gewürzen oder auch Ziegen- oder Schaffrischkäse, die im Geschmack deutlich intensiver sind, da Ziegen- bzw. Schafsmilch nicht so mild schmeckt wie Kuhmilch.

Wie gesund ist Frischkäse?

Frischkäse liefert eine ordentliche Portion Eiweiß und ist deswegen im Rahmen einer gesunden Ernährung und bei Sportlern sehr beliebt. Er enthält 13 % Eiweiß auf 100 g. Demnach sollten auch Vegetarier öfter zum Frischkäse greifen. Für Menschen mit einer Laktose-Empfindlichkeit ist Frischkäse ebenfalls gut geeignet. Mit einem Anteil von 2 bis 3,5 g Milchzucker auf 100 g wird er oft gut vertragen. Der Fettgehalt im Frischkäse variiert von 0,2 % bis hoch zu 24 % g Fett auf 100 g. Die fettarme Variante eignet sich dementsprechend super zum Abnehmen. Jedoch ist auch der Doppelrahm-Frischkäse mit ungefähr 60 % Fett deutlich kalorienärmer als Butter oder Margarine. Auf 100 g hat er 355 Kalorien, man spart also mehr als die Hälfte!

Zudem enthält Frischkäse wegen seines Milchanteils viel Calcium, nämlich bis zu 120 mg auf 100 g, was Knochen und Zähne stärkt.

Den Fettanteil bestimmen

Je fetthaltiger die Milch, desto fetthaltiger der Frischkäse. Wurde Sahne verwendet, ist der Fettgehalt dementsprechend höher. Magerer Frischkäse besteht aus Milch mit einem Fettanteil von 1,5 %, der normale Frischkäse aus Milch mit 3,5 % Fett. Für die einfache Rahmstufe wird 1 l Milch mit 100 ml süßer Sahne gemischt. Die Doppelrahmstufe erhält man, wenn Milch und Sahne den gleichen Anteil haben. Im Supermarkt sind Magerstufe, Halbfettstufe, Vollfettstufe, Rahmstufe sowie Doppelrahmstufe erhältlich.

Aufbewahrung

Grundsätzlich hält sich selbstgemachter oder geöffneter Frischkäse 5 bis 7 Tage im Kühlschrank, wenn er in einem geschlossenen Behältnis gelagert wird. Grund dafür ist der hohe Wassergehalt, der bei ca. 70 % liegt. Wenn frische Zutaten bei der Zubereitung untergemischt wurden, ist der Frischkäse etwa 3 Tage haltbar. Frisch bleibt der Frischkäse aber bis zu zwei Wochen, wenn er in einem Glas, das mit Olivenöl gefüllt ist, aufbewahrt wird. Dabei sollte das Öl den Käse vollständig bedecken und gegebenenfalls verwendete Kräuter sollten getrocknet untergemischt worden sein. Frische Kräuter müssen zuvor abgekocht werden. Für den zusätzlichen Geschmackskick können Chili oder Knoblauch zum Öl gegeben werden!

Frischkäse selbst machen

Frischkäse lässt sich auch mit sehr wenigen Zutaten und etwas Geduld ganz leicht selbst machen. Ein Grundrezept finden Sie im Anschluss an den Einleitungsteil! Dabei spielt Ihr eigener Geschmack eine größere Rolle: Mögen Sie den Frischkäse eher mager oder sahnig oder mild oder würzig? Je nach Geschmack können Sie das Grundrezept individuell abändern! Um die nötige Konsistenz zu erreichen, sprich Milch und Sahne zu Flocken zu bekommen, wird Säure, also üblicherweise Zitrone, verwendet. Es eignen sich aber auch Essig oder Lab. Das Tolle an selbstgemachtem Frischkäse ist, dass er, im Gegensatz zu anderen Käsesorten, nicht mehr reifen muss, sondern sofort verzehrt werden kann – daher auch der Name.

# GRUNDREZEPT: FRISCHKÄSE SELBER MACHEN

10 Port.

2 Std.
20 Min.

Leicht

**Zutaten**

1 l Vollmilch
3 EL Zitronensaft
1 Prise Salz

**Optional:**
100 g Schlagsahne

**Nährwerte p. P.**

*98 kcal*
*5 g Kohlenhydrate*
*7 g Fett*
*4 g Eiweiß*

1 Milch und Sahne im Topf verrühren. Anschließend erhitzen und von der Platte nehmen, sobald es zu dampfen beginnt. Zitronensaft unterrühren, es werden sofort Klümpchen entstehen. Topf mit einem Tuch zudecken und 60 Minuten stehen lassen. Salz zugeben, wenn die Masse dicklich ist.

2 Ein großes Sieb in eine Schale stellen und dort ein Käsetuch (oder Geschirrtuch) hineinlegen. Topfinhalt hineingießen und Molke weitere 60 Minuten vom Tuch abtropfen lassen. Je cremiger der Frischkäse am Ende sein soll, desto kürzer muss er abtropfen.

3 Wenn die Molke abgetropft ist, Tuch ausdrücken und den fertigen Frischkäse weiterverarbeiten oder in geschlossenen Gläsern im Kühlschrank aufbewahren.

**Tipp:** Für einen leckeren Kräuterfrischkäse einfach die Lieblingskräuter (fein gehackt) unter den fertigen Frischkäse rühren.

# Frühstück

# BAGEL MIT BIRNEN-KOMPOTT UND ZIEGENFRISCHKÄSE-CREME

20 Port.

2,5 Std.

Mittel

**Zutaten**

**Für den Teig:**
95 g Butter
950 g Weizenmehl
25 g Zucker
1 EL Salz
480 g Vollmilch
1 Ei
1 Pck. Trockenhefe

**Für das Kompott:**
950 g Birnen
190 g Zucker
Wasser
15 g frischer Ingwer
1 Zitrone
4 Zweige Thymian
190 ml Apfelessig
Etwas Chili nach Geschmack (gehackt)
Salz

**Für die Creme:**
95 g Frischkäse
240 g Ziegenkäserolle
Etwas Kresse
Salz und Pfeffer

**Außerdem:**
Etwas Sesam, Mohn und Kürbiskerne

## Nährwerte p. P.

*360 kcal*
*57 g Kohlenhydrate*
*11 g Fett*
*9 g Eiweiß*

1 Butter im Topf zerlassen, dann von der Platte nehmen und Ei, Milch und Hefe untermengen. Salz, Mehl und Zucker mischen und mit der Küchenmaschine unterrühren. Teig zugedeckt 50 Minuten gehen lassen.

2 Teig in je 100 g schwere Stücke teilen und daraus Kugeln formen. Ein Loch in die Mitte eindrücken. Dafür einen Finger in das Loch stecken und den Bagel auf der Seite rollen, sodass sich das Loch etwas ausdehnt. Bagel nochmals 20 Minuten ruhen lassen.

3 Ordentlich Wasser mit Zucker in einem großen Topf aufkochen. Rohe Bagel nacheinander in das siedende Wasser legen und jeweils eine Minute pro Seite sieden lassen.

4 Mohn mit Sesam und Kürbiskernen auf Tellern verteilen. Bagel aus dem Wasser nehmen, abtropfen lassen und eine Seite jeweils in die verschiedenen Kerne und Körner drücken. Mit den Kernen nach oben auf ein mit Backpapier ausgelegtes Blech setzen und bei 175 °C Ober-/Unterhitze im heißen Ofen 8 bis 12 Minuten goldbraun backen.

5 Für das Kompott Zitrone auspressen und Birnen schälen und entkernen. Anschließend in Stücke schneiden und mit dem Saft mischen. Ingwer schälen und reiben.

6 Zucker im Topf bei mittlerer Temperatur schmelzen und karamellisieren lassen. Essig zugeben und so lange köcheln lassen, bis der Karamell geschmolzen ist. Ingwer, 1 Prise Salz, Chili, Thymian und Birnen untermengen, zum Kochen bringen und unter gelegentlichem Rühren 40 Minuten schmoren. Danach Thymianzweige entfernen und Kompott umgehend in Schraubgläser umfüllen und verschließen. So ist es mehrere Monate haltbar.

7 Für die Creme Ziegenkäse klein schneiden und mit Frischkäse in eine Schale geben. Mit dem Mixer verrühren und etwas salzen und pfeffern. Bagel aufschneiden und damit einstreichen. Kompott darauf verteilen, obere Hälfte aufsetzen und mit Kresse anrichten.

# SPIEGELEI-LACHS-SCHNITTE

4 Port. 20 Min. Leicht

**Zutaten**

95 g Frischkäse
1 Gurke
30 ml Olivenöl
30 ml Zitronensaft
40 ml Weißweinessig
520 g Lachsfilet (ohne Haut)
4 Zweige Dill
4 Scheiben Bauernbrot
4 Eier
1 Prise Zucker
½ Beet Kresse
Salz und Pfeffer

**Nährwerte p. P.**

*571 kcal*
*21 g Kohlenhydrate*
*36 g Fett*
*38 g Eiweiß*

1 Gurke schälen und in feine Scheiben schneiden. Dann mit ½ TL Salz vermengen und zur Seite stellen. Dill abzupfen und hacken.

2 Lachs abtupfen und in 8 Stücke schneiden. In Öl von jeder Seite 2 Minuten braten. Mit Zitronensaft, Salz und Pfeffer verfeinern.

3 Gurkenscheiben ausdrücken und in eine Schale geben. Dill und Essig untermischen und alles mit Zucker, Salz und Pfeffer würzen.

4 Brot mit Frischkäse einstreichen, dann Gurkensalat und Lachs darauf geben. Eier ohne Fett zu Spiegeleiern braten und auf den Broten verteilen. Salzen, pfeffern und mit Kresse bestreuen.

# ZIMTROLLEN MIT FRISCHKÄSE-GUSS

10 Port.

2 Std.

Leicht

**Zutaten**

**Für den Teig:**
430 g Weizenmehl
190 ml Vollmilch
45 g Butter
65 g Zucker
1 Ei
½ TL Salz
1 Würfel Hefe

**Für die Füllung:**
1 EL Zimt
45 g weiche Butter
120 g brauner Zucker

**Für den Guss:**
95 g Frischkäse
95 g gesiebter Puderzucker
30 g Butter
4 Tropfen Vanillearoma

**Nährwerte p. P.**

*408 kcal*
*62 g Kohlenhydrate*
*15 g Fett*
*7 g Eiweiß*

1 Butter mit Milch im Topf leicht erwärmen, sodass die Butter schmilzt. Mehl, Zucker, Ei und Salz in einer Schale mischen, mittig eine Mulde eindrücken und Hefe dort hineinbröckeln. Milch über die Hefe geben und von der Mulde aus nach außen zu einem Teig verkneten. Ggf. etwas mehr Mehl zugeben. Abgedeckt an einem warmen Ort 60 Minuten ruhen lassen.

2 Teig zu einem Rechteck ausrollen und mit Butter einstreichen. Zimt mit Zucker mischen und darauf verteilen. An der langen Seite aufrollen und in breitere Scheiben schneiden. Anschließend in eine gefettete Form geben und abgedeckt noch einmal 25 Minuten ruhen lassen.

3 Für die Glasur alle Zutaten verrühren, ggf. etwas Milch zugeben.

4 Zimtrollen im vorgeheizten Ofen bei 175 °C Ober-/Unterhitze 16 bis 18 Minuten backen. Danach herausnehmen und mit der Glasur einstreichen.

# HAFER-PANCAKES MIT FRISCHKÄSE-KIWI-TOPPING

4 Port.

25 Min.

Leicht

**Zutaten**

190 g Frischkäse
95 g zarte Haferflocken
2 Eier
1 TL Backpulver
1 Prise Zimt
240 ml Vollmilch
30 ml Rapsöl
140 g Weizenvollkornmehl
55 g gehackte Pistazien
5 Kiwis

**Nährwerte p. P.**

*631 kcal*
*56 g Kohlenhydrate*
*37 g Fett*
*20 g Eiweiß*

1 Mehl mit Haferlocken und Backpulver mischen. Milch und Eier zugeben und alles zu einem Teig verarbeiten. Mit Zimt verfeinern, ggf. etwas mehr Milch oder Mehl zufügen.

2 In etwas Öl Teig in kleinen Portionen in eine Pfanne geben und bei mittlerer Temperatur zu Pancakes braten.

3 Pistazien und Frischkäse verrühren und die Hälfte der Pancakes damit einstreichen. Kiwis schälen und in feine Scheiben schneiden. Auf den eingestrichenen Pancakes anrichten. Die übrigen Pancakes obendrauf legen und warm verzehren.

**Tipp:** Die Pancakes können problemlos eingefroren und im Toaster aufgebacken werden!

# NUTELLA-FRISCHKÄSE-BRÖTCHEN

6 Port.

30 Min.

Leicht

**Zutaten**

75 g Frischkäse
55 g Nutella
240 ml Vollmilch
110 g kalte Butter
390 g Weizenmehl
25 g Zucker
1 Ei
1 ½ EL Backpulver
1 Prise Salz

**Nährwerte p. P.**

*512 kcal*
*61 g Kohlenhydrate*
*25 g Fett*
*11 g Eiweiß*

1 Zucker mit Mehl, Backpulver und Salz vermengen. Butter würfeln und hinzugeben. Mit den Fingern die Butter in das Mehl einarbeiten. Milch zufügen und unterrühren. Teig zu einer 2,5 cm dicken Scheibe formen und daraus Kreise mit 5 cm Durchmesser ausstechen.

2 Kreise auf ein mit Backpapier belegtes Blech legen, das Ei verquirlen und die Kreise damit einstreichen. Bei 210 °C Ober-/Unterhitze 16 bis 18 Minuten goldbraun backen.

3 Herausnehmen und warm mit Nutella und Frischkäse servieren.

# GEFÜLLTE HÖRNCHEN MIT GOUDA UND SCHINKEN

4 Port.

2 Std. 45 Min.

Leicht

**Zutaten**

95 g Doppelrahmfrischkäse
140 g Weizenmehl
45 g mittelalter Gouda
95 g Butter
4 Scheiben Kochschinken
1 Ei
Salz

**Nährwerte p. P.**

*434 kcal*
*28 g Kohlenhydrate*
*28 g Fett*
*16 g Eiweiß*

1 Frischkäse mit Mehl, Butter und ½ TL Salz zuerst mit dem Handrührgerät, dann mit den Händen zu einem Teig verarbeiten. Daraus eine Kugel formen, in Frischhaltefolie wickeln und 2 Stunden kühl stellen.

2 Gouda fein reiben. Kochschinken in jeweils 8 Dreiecke schneiden. Teig halbieren. Einen Teil erneut durchkneten, den anderen weiter im Kühlschrank lagern.

3 Den gekneteten Teig ausrollen (ca. 25 cm Durchmesser) und daraus 16 ebenmäßige "Tortenstücke" schneiden. Auf jedes Dreieck ein Schinkendreieck legen und etwas Käse darüberstreuen. Von der langen Seite her zu Hörnchen aufrollen und auf ein mit Backpapier ausgelegtes Blech setzen. Mit der anderen Teighälfte genauso verfahren. Ei verrühren und die Hörnchen damit einstreichen.

4 Bei 155 °C Umluft im heißen Ofen 14 bis 16 Minuten goldbraun backen. Herausnehmen und lauwarm oder kalt genießen.

# FRÜHSTÜCKSKEKSE MIT JOGHURT-FRISCHKÄSE-FROSTING

2 Port.

20 Min.

Leicht

**Zutaten**

**Für die Cookies:**
1 Ei
½ Apfel
75 g zarte Haferflocken
55 g Eiklar
1 TL Backpulver
95 g Möhren
1 Medjool-Dattel

**Für das Frosting:**
45 g Frischkäse
1 Spritzer Zitronensaft
Abrieb von ½ Zitrone
75 g griechischer Joghurt (fettarm)
1 EL Puder-Xucker

**Nährwerte p. P.**

*368 kcal*
*48 g Kohlenhydrate*
*14 g Fett*
*15 g Eiweiß*

1 Möhren schälen und fein reiben. Apfel säubern und grob raspeln. Dattel entsteinen und klein schneiden. Alles mit den übrigen Cookie-Zutaten mischen.

2 Einen Suppenteller mit Backtrennspray einsprühen (oder fetten) und die Hälfte des Teiges darin verteilen, sodass er 1,5 bis 2 cm dick ist. Cookie für ungefähr 3 Minuten bei 800 Watt in der Mikrowelle backen.

3 Für das Frosting Joghurt mit Frischkäse, Xucker und Zitronensaft und -abrieb gut vermengen.

4 Cookie auf Teller geben, kurz etwas abkühlen lassen und den zweiten Cookie mit dem übrigen Teig backen. Anschließend mit dem Frosting toppen und genießen.

# Salate

# GEMISCHTER SALAT MIT FRISCHKÄSEBÄLLCHEN

4 Port.

20 Min.

Leicht

**Zutaten**

140 g Frischkäse
1 Eisbergsalat
1 Kohlrabi
5 getrocknete Aprikosen
30 ml Tafelessig
1 Bund Radieschen
30 ml Kürbiskernöl
1 TL Senf
30 ml Sonnenblumen- und Kürbiskerne
1 Handvoll Kräuter
1 TL Honig
Salz und Pfeffer

**Nährwerte p. P.**

*285 kcal*
*17 g Kohlenhydrate*
*22 g Fett*
*7 g Eiweiß*

1 Salat säubern und in Stücke zupfen. Kräuter abbrausen und hacken. Kohlrabi schälen und in dünne lange Stifte schneiden. Radieschen säubern und in Scheiben schneiden. Aprikosen klein schneiden.

2 Kerne hacken und ohne Fett anrösten. Danach abkühlen lassen.

3 Senf mit Essig und Honig mischen und etwas salzen und pfeffern. Kerne und Öl zugeben und cremig rühren. Kräuter untermengen.

4 Kohlrabi, Salat und Radieschen in eine Schale füllen. Mithilfe eines Teelöffels kleine Kugeln aus dem Frischkäse formen und in den Kernen und Aprikosen wälzen. Bällchen auf dem Salat verteilen und mit dem Dressing beträufeln.

# FRISCHKÄSE-SPINAT-SALAT MIT EIERN

4 Port.

20 Min.

Leicht

**Zutaten**

150 g Frischkäse
190 g Spinatblätter
3 Eier
120 g Joghurt
30 g Sauerrahm
2 Knoblauchzehen
1 Frühlingszwiebel
½ Friséesalat
5 EL Olivenöl
Salz und Pfeffer

**Nährwerte p. P.**

*385 kcal*
*6 g Kohlenhydrate*
*36 g Fett*
*11 g Eiweiß*

1 Salat und Spinat säubern, Stiele entfernen. Frischkäse grob zerteilen. Eier hart kochen.

2 Knoblauch schälen, hacken, dann mit Joghurt, Sauerrahm und etwas Salz und Pfeffer vermengen. Anschließend mixen und dabei Öl zugeben.

3 Eier schälen und klein schneiden. Frühlingszwiebel säubern und in Streifen schneiden. Alles mit Salat, Spinat, Frischkäse und der Marinade mischen und servieren.

# HÄHNCHEN-NUDELSALAT

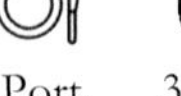

4 Port. 30 Min. Leicht

**Zutaten**

190 g Frischkäse
410 g Hähncheninnenfilet
190 g Wasser
2 rote Paprika
1 Zucchini
1 Knoblauchzehe
2 Frühlingszwiebeln
1 Bund gemischte Kräuter
290 g Kritharaki-Nudeln
240 g Kirschtomaten
1 TL Gemüsebrühe
1 EL Olivenöl
Salz und Pfeffer

**Nährwerte p. P.**

*626 kcal*
*63 g Kohlenhydrate*
*25 g Fett*
*39 g Eiweiß*

1 Kräuter und Knoblauch fein mixen. Frischkäse, Brühe, etwas Pfeffer und Wasser mit dem Kräutermix verrühren und im Topf langsam erwärmen.

2 Zucchini, Paprika und Tomaten säubern und klein schneiden. Frühlingszwiebeln säubern und in Ringe schneiden. Hähnchen abspülen, trockentupfen und in Stücke schneiden. Salzen und pfeffern. Alles in Öl in einer Pfanne garen, bis das Gemüse bissfest und das Fleisch durchgebraten ist.

3 Währenddessen Nudeln nach Packungsanleitung kochen. Danach abgießen.

4 Gemüse, Fleisch und Nudeln in eine Schale geben und mit der Soße mischen. Salat lauwarm servieren und vorher nochmals mit Salz und Pfeffer würzen.

# APFEL-KOHL-SALAT MIT FRISCHKÄSE-DRESSING

4 Port.

55 Min.

Leicht

**Zutaten**

95 g Frischkäse
850 g Spitzkohl
½ TL Currypulver
1 Knoblauchzehe
1 EL Honig
2 große rote Äpfel
4 Möhren
Saft von 4 Limetten
3 EL Rosinen
2 EL Haselnüsse
Salz und Pfeffer

**Nährwerte p. P.**

*298 kcal*
*41 g Kohlenhydrate*
*14 g Fett*
*8 g Eiweiß*

1 Kohl säubern, halbieren, Strunk entfernen und in Streifen schneiden. Mit 1 EL Salz mischen und zur Seite stellen.

2 Knoblauch schälen und pressen. Mit Limettensaft von zwei Limetten, Honig, Frischkäse, Curry und etwas Salz und Pfeffer vermengen.

3 Möhren säubern, schälen und in feine Scheiben schneiden. Äpfel säubern, entkernen und in dünne Spalten schneiden. Zusammen mit übrigem Limettensaft mischen. Nüsse hacken.

4 Kohl kurz abbrausen, Wasser ausdrücken und zu den Äpfeln und Möhren geben. Dressing, Rosinen und Nüsse unterheben. Mit Frischhaltefolie abdecken und 35 Minuten ruhen lassen.

# WARMER TORTELLINI-SALAT MIT FRISCHKÄSE-SOSSE

 4 Port.  20 Min.  Leicht

**Zutaten**

**Für den Salat:**
95 g Cocktailtomaten
3 Zweige Bohnenkraut
45 g gehobelter Parmesan
2 Zweige Basilikum
2 Zweige Thymian
1 Handvoll Rucola
510 g Tortellini (z. B. Tomate-Mozzarella-Füllung)

**Für das Dressing:**
95 g Frischkäse
30 ml Nudelwasser
1 TL Honig
30 ml Schlagsahne
2 TL Zitronensaft
40 ml Öl
30 ml Weißweinessig
Salz und weißer Pfeffer

**Nährwerte p. P.**

*558 kcal*
*49 g Kohlenhydrate*
*31 g Fett*
*20 g Eiweiß*

1 Rucola säubern und trockenschütteln. Tomaten säubern und halbieren. Kräuter abbrausen, Blätter abzupfen und hacken.

2 Wasser im Topf aufkochen und Tortellini und etwas Salz zugeben. Nach Packungsangabe garen.

3 Währenddessen vorbereitete Zutaten in eine Schale geben. Zitronensaft mit Frischkäse, Essig, Öl, Sahne und Honig verrühren. 30 ml Nudelwasser untermischen und das Dressing salzen und pfeffern.

4 Tortellini abgießen und unter den Salat geben. Dressing darübergeben und Parmesan auf den Salat reiben. Warm servieren.

# FRISCHKÄSE-FLEISCHSALAT

2 Port.

10 Min.

Leicht

**Zutaten**

95 g Frischkäse
5 Essiggurken
30 ml Gurkenflüssigkeit
190 g Schinken
1 EL Mayonnaise
Etwas Paprikapulver
Salz und Pfeffer

**Nährwerte p. P.**

*344 kcal*
*4 g Kohlenhydrate*
*26 g Fett*
*23 g Eiweiß*

1 Schinken in dünne Streifen schneiden und Essiggurken klein schneiden. In eine Schale geben, dann Mayo, Frischkäse und Gurkenflüssigkeit mit hineingeben.

2 Vorsichtig durchmischen, mit Paprikapulver, Salz und Pfeffer würzen und genießen.

**Tipp:** Für die Diät-Version kann die Mayo einfach weggelassen werden.

# Suppen

# BROKKOLISUPPE

 4 Port.
 40 Min.
 Leicht

**Zutaten**

30 g Frischkäse
510 g Brokkoli
780 ml Gemüsebrühe
2 TL Rapsöl
1 Zwiebel
2 Knoblauchzehen
4 EL Mandelblätter
Salz und Pfeffer

**Nährwerte p. P.**

*171 kcal*
*20 g Kohlenhydrate*
*9 g Fett*
*5 g Eiweiß*

1 Brokkoli säubern und in Röschen zerteilen. Knoblauch und Zwiebel schälen und hacken. Beides in einem Topf in Öl anbraten. Brokkoli zufügen und weitere 4 bis 6 Minuten dünsten. Mit Brühe ablöschen und 12 bis 14 Minuten köcheln lassen.

2 Mandelblätter ohne Fett goldbraun in einer Pfanne rösten.

3 Suppe pürieren, Frischkäse unterrühren und alles salzen und pfeffern. Auf Teller verteilen und mit Mandelblättchen garnieren.

# HUMMER-SUPPE MIT KRÄUTERFRISCHKÄSE UND LACHSRÖLLCHEN

4 Port.

40 Min.

Leicht

**Zutaten**

30 g Kräuterfrischkäse
410 ml Fischfond
95 ml Wasser
2 TL Meerrettich
240 ml Schlagsahne
20 g Butter
3 Schalotten
45 ml Weißwein
1 Bund Petersilie
45 g Hummersuppen-paste
1 Bund Estragon
2 Scheiben Räucherlachs
Salz und Pfeffer

**Nährwerte p. P.**

*427 kcal*
*13 g Kohlenhydrate*
*38 g Fett*
*8 g Eiweiß*

1 Schalotten schälen und klein schneiden. In der Butter ein paar Minuten dünsten, dann Wein zufügen und ein wenig einkochen lassen. Wasser, Sahne und Fond zugeben und alles bei hoher Temperatur 8 bis 12 Minuten kochen.

2 Paste einrühren und unter Rühren weitere 6 bis 8 Minuten köcheln lassen. Petersilie abbrausen und fein hacken. Frischkäse mit Petersilie und Meerrettich vermengen.

3 Lachs mit der Creme einstreichen und von einer Seite aufrollen. Dann in feine Scheiben schneiden. Estragon abbrausen, Blätter abzupfen und in die Suppe geben. Suppe salzen und pfeffern, auf Teller verteilen und die Lachsröllchen hineingeben.

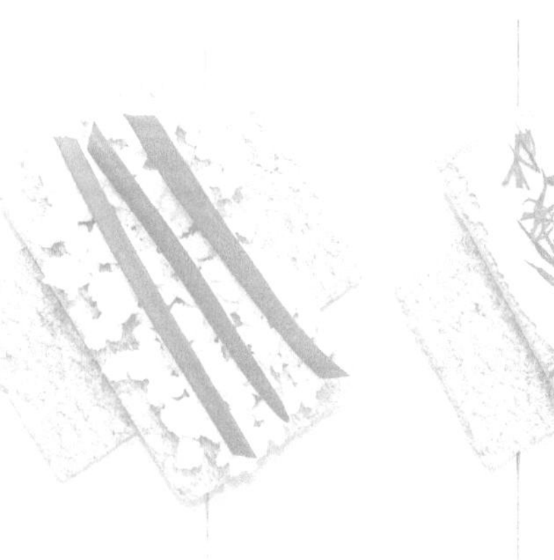

# KÄSE-LAUCH-SUPPE

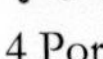

4 Port. 20 Min. Leicht

**Zutaten**

190 g Frischkäse
3 Stangen Lauch
390 g Rinderhack
45 g geriebener Käse (kräftig)
2 TL Olivenöl
580 ml Gemüsebrühe
1 Knoblauchzehe
Etwas Muskat
Salz und Pfeffer

**Nährwerte p. P.**

*552 kcal*
*12 g Kohlenhydrate*
*41 g Fett*
*33 g Eiweiß*

1 Lauch säubern und in Scheiben schneiden. Knoblauch schälen und hacken. Hack in dem Öl gar braten. Knoblauch und Lauch zufügen und ein paar Minuten weiter braten.

2 Frischkäse und Brühe unterrühren und alles 8 bis 12 Minuten köcheln lassen. Mit Muskat, Salz und Pfeffer würzen.

3 Suppe vom Herd nehmen, Käse zufügen und schmelzen lassen. Die Suppe auf Teller geben und servieren.

# KARTOFFELSUPPE MIT FRISCHKÄSE-SWIRL

4 Port.

45 Min.

Leicht

**Zutaten**

140 g Frischkäse
40 g Vollmilch
950 g Kartoffeln
2 TL Öl
720 ml Gemüsebrühe
2 Zwiebeln
1 Lorbeerblatt
½ Bund Schnittlauch
290 g Staudensellerie
½ Bund Majoran
Etwas Muskatnuss
Salz und Pfeffer

**Nährwerte p. P.**

*378 kcal*
*50 g Kohlenhydrate*
*17 g Fett*
*9 g Eiweiß*

1 Kartoffeln schälen, säubern und klein schneiden. Zwiebeln schälen und hacken. Sellerie säubern und in Scheiben schneiden. Selleriescheiben in Öl in einem Topf 4 bis 6 Minuten andünsten, dann herausnehmen.

2 Kartoffeln, Lorbeerblatt und Zwiebeln in den Topf füllen und Brühe zufügen. 25 Minuten köcheln lassen. Nach 15 Minuten ungefähr ¼ der Kartoffeln aus dem Topf nehmen.

3 Schnittlauch und Majoran abbrausen und hacken. Etwas Majoran vorher beiseitelegen. Lorbeerblatt aus der Suppe nehmen, Majoran zugeben und alles fein pürieren.

4 Sellerie, Kartoffeln und 100 g Frischkäse zur Suppe geben und nochmals zum Kochen bringen. Mit Muskat, Salz und Pfeffer würzen. Schnittlauch auf die Suppe streuen und mit dem übrigen Majoran anrichten.

5 Suppe auf Teller geben, übrigen Frischkäse mit Milch vermengen und in die Mitte der Teller füllen.

# ZUCCHINISUPPE MIT KRÄUTERFRISCHKÄSE

4 Port.

40 Min.

Leicht

**Zutaten**

95 g Kräuterfrischkäse
70 g Suppengrün
1 Knoblauchzehe
510 g Zucchini
40 ml Sonnenblumenöl
½ Bund Petersilie
1 Zwiebel
95 ml Weißwein
510 ml Gemüsebrühe
1 Prise Zucker
Salz und Pfeffer

**Nährwerte p. P.**

*234 kcal*
*11 g Kohlenhydrate*
*18 g Fett*
*4 g Eiweiß*

1 Zucchini säubern und klein schneiden. Knoblauch und Zwiebel schälen und hacken. Petersilie abbrausen und ebenfalls hacken.

2 Zwiebel in Öl in einem Topf andünsten. Zucchini zugeben und ein paar Minuten mitgaren. Knoblauch und Suppengrün untermengen und kurz weiter braten. Mit Brühe und Wein aufgießen und 12 bis 14 Minuten köcheln lassen, bis die Zucchini weich sind.

3 Suppe fein mixen, dann Frischkäse einrühren und mit Zucker, Salz und Pfeffer würzen. Erneut kurz aufkochen und mit Petersilie bestreuen.

**Tipp:** Dazu schmeckt ein knuspriges Baguette!

# ROTE-BETE-SUPPE

4 Port.

40 Min.

Leicht

**Zutaten**

30 g Frischkäse
950 ml Gemüsebrühe
480 g Rote Bete (vorgekocht)
1 Apfel
1 Stück Ingwer
1 Zwiebel
190 g Möhren
1 Knoblauchzehe
30 ml Olivenöl
1 TL Zitronensaft
1 TL Kresse
2 TL Currypulver
2 TL Schmand
Salz und Pfeffer

**Nährwerte p. P.**

*207 kcal*
*25 g Kohlenhydrate*
*11 g Fett*
*4 g Eiweiß*

1 Möhren schälen und in Scheiben schneiden. Apfel schälen, entkernen und klein schneiden. Mit Zitronensaft beträufeln. Knoblauch, Zwiebel und Ingwer schälen und hacken. Zusammen mit dem Apfel und den Möhren in Olivenöl im Topf anbraten.

2 Brühe zufügen und alles in 16 bis 18 Minuten weich kochen. Rote Bete in grobe Stücke schneiden und mit in den Topf geben. Curry und Frischkäse unterrühren, dann alles fein pürieren. Salzen und pfeffern.

3 Schmand in die Suppe geben, Suppe auf Tellern verteilen und mit Kresse garnieren.

# GEMÜSE-HÜHNERSUPPE MIT KLÖSSCHEN

4 Port.

2 Std. 45 Min.

Leicht

**Zutaten**

95 g Frischkäse
1 fertiges Suppenhuhn (ca. 2 kg)
1 Zwiebel
1 Ei
8 EL Parmesan (gerieben)
2 Bund Suppengrün
1 Petersilienstängel
2 Pimentkörner
3 Tomaten
1 Handvoll Blattspinat
8 EL Weizengrieß
3 Stangen Bleichsellerie
1 Lorbeerblatt
Etwas Basilikum
Etwas Muskatnuss
½ TL Pfefferkörner
Salz

**Nährwerte p. P.**

*1.241 kcal*
*53 g Kohlenhydrate*
*58 g Fett*
*122 g Eiweiß*

1 Huhn abbrausen und mit 1 EL Salz in einem großen Topf mit 2 l Wasser aufkochen. Ein Bund Suppengrün säubern und klein schnei-den. Zwiebel schälen und hacken. Pfefferkörner, Lorbeerblatt, Peter-silienstängel und Piment mit in den Topf geben und alles 2 Stunden köcheln lassen.

2 Brühe durch ein Sieb gießen. Fleisch von den Knochen ablösen und klein schneiden.

3 Übriges Suppengrün säubern und klein schneiden. Sellerie ebenfalls säubern und klein schneiden. Beides in der Brühe aufkochen.

4 Spinat abwaschen und hacken. Mit Grieß, Frischkäse, 6 EL Parmesan und Ei mischen und mit Muskat, Salz und Pfeffer würzen. 15 Minuten zur Seite stellen.

5 Aus der Frischkäse-Masse kleine Klöße formen und diese in die Brühe geben. Fleisch mit in den Topf geben. Tomaten säubern, klein schneiden und Suppe mit Tomaten, Basilikum und übrigem Parmesan auf Tellern anrichten.

# Brote

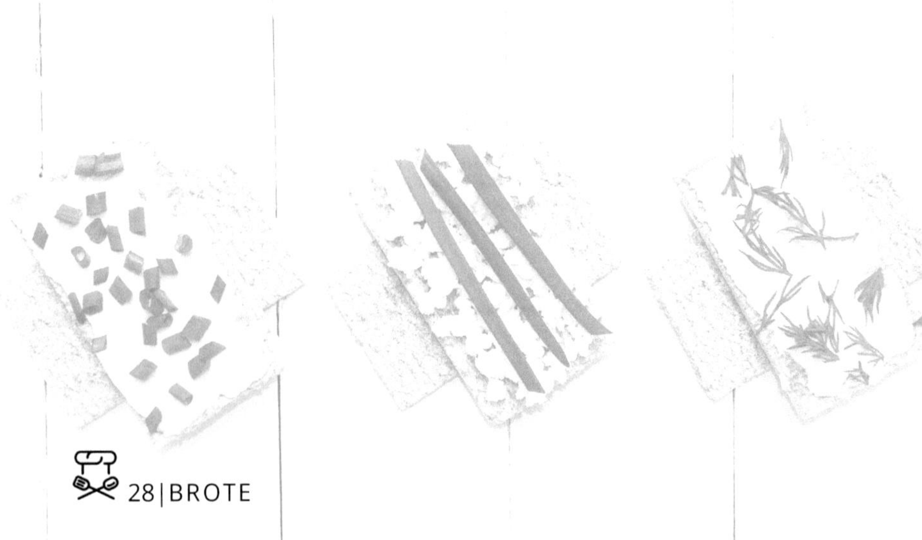

# GEFÜLLTES ZUPFBROT MIT KRÄUTERFRISCHKÄSE

10 Port.

2 Std. 25 Min.

Leicht

**Zutaten**

**Für den Teig:**
510 g Weizenmehl
½ Würfel Hefe
½ TL Salz
310 ml lauwarmes Wasser
1 TL Zucker
10 ml Olivenöl

**Für die Füllung:**
310 g Kräuterfrischkäse
210 g geriebener Emmentaler

**Nährwerte p. P.**

*383 kcal*
*42 g Kohlenhydrate*
*18 g Fett*
*14 g Eiweiß*

1 Hefe in das Wasser bröckeln und mit Zucker darin auflösen. Abdecken und 8 bis 12 Minuten stehen lassen.

2 Öl, Mehl und Salz zufügen und alles verkneten. Abdecken und an einem warmen Ort eine Stunde lang gehen lassen.

3 Teig einen halben cm dick zu einem Rechteck ausrollen, den Frischkäse darauf streichen und mit dem Emmentaler bestreuen. Von der langen Seite her aufrollen und in 2 bis 2,5 cm breite Scheiben schneiden. Eine Springform fetten und mit Backpapier auslegen. Teigrollen hineinlegen und erneut 25 Minuten ruhen lassen.

4 Anschließend im heißen Ofen bei 175 °C Ober-/Unterhitze auf mittlerer Ebene ca. 35 Minuten backen. Herausnehmen und lauwarm verzehren.

# FRISCHKÄSE-BRÖTCHEN MIT CHIA UND SESAM

8 Port. 45 Min. Leicht

**Zutaten**

210 g Frischkäse
160 g Kichererbsenmehl
1 ½ TL Salz
65 g Chiasamen
1 Pck. Backpulver
2 Eier
Ca. 1 Tasse Wasser
1 EL Mohn
30 g Flohsamenschalen
1 EL Sonnenblumenkerne
1 EL geschälter Sesam

**Nährwerte p. P.**

*250 kcal*
*14 g Kohlenhydrate*
*17 g Fett*
*10 g Eiweiß*

1 Mehl mit Backpulver, Flohsamenschalen, Chiasamen und Salz vermengen. Eier und Frischkäse in einer Schale verrühren, dabei langsam die trockenen Zutaten zugeben und einrühren. Wasser nach und nach zugeben, sodass ein gleichmäßiger, nicht zu flüssiger Teig entsteht. Abdecken und 8 bis 12 Minuten stehen lassen.

2 Mithilfe von zwei angefeuchteten Esslöffeln 16 Portionen vom Teig abtrennen und auf ein mit Backpapier ausgelegtes Blech setzen. Im Wechsel mit Mohn, Sesam und Sonnenblumenkernen bestreuen.

3 Brötchen im Ofen bei 195 °C Ober-/Unterhitze auf mittlerer Ebene 18 bis 22 Minuten goldbraun backen. Herausnehmen und auf dem Blech erkalten lassen.

# FRISCHKÄSE-VOLLKORNBROT

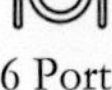

6 Port. | 12 Std. 20 Min. | Leicht

**Zutaten**

210 g Kräuterfrischkäse (Doppelrahmstufe)
210 g Dinkelmehl
260 g Dinkelvollkornmehl
55 g Roggenvollkornmehl
55 g Semmelbrösel
6 g Frischhefe
310 g lauwarmes Wasser
10 g Salz

**Nährwerte p. P.**

*460 kcal*
*66 g Kohlenhydrate*
*14 g Fett*
*15 g Eiweiß*

1 Alle Zutaten in 10 Minuten zu einem Teig kneten. Abdecken und ca. 8 bis 10 Stunden in den Kühlschrank stellen.

2 Eine runde Schale mit einem Geschirrtuch auslegen und mit Mehl bestreuen. Teig auf die Arbeitsplatte stürzen und von allen Seiten rundherum wie ein Paket einschlagen und an den Seiten zusammendrücken. Teig umgedreht in die Schale setzen, abdecken und erneut 60 Minuten bei Zimmertemperatur ruhen lassen.

3 Ofen auf 240 °C Ober-/Unterhitze samt Backblech vorheizen. Brot auf das heiße Blech stürzen und in den Ofen schieben. Unten in den Ofen eine ofenfeste Form, gefüllt mit einem halben Glas Wasser, stellen.

4 Nach 10 Minuten Temperatur auf 210 °C verringern und die Ofentür ein paar Sekunden öffnen. Das Gefäß herausnehmen und das Brot in ca. 45 bis 50 Minuten fertig backen.

# KÄSE-KRÄUTER-SUPPENBROT

8 Port.

35 Min.

Leicht

**Zutaten**

75 g Frischkäse
75 g Butter
3 EL Wiesenkräuter (fein gehackt)
75 g Weizenmehl
5 Eiweiß
5 Eigelb
95 ml Vollmilch
2 EL Parmesan (gerieben)
1 Prise Backpulver
Etwas Salz

**Nährwerte p. P.**

*159 kcal*
*1 g Kohlenhydrate*
*15 g Fett*
*5 g Eiweiß*

1 Butter schaumig schlagen und langsam Eigelb unterschlagen. Eiweiß steif schlagen. Backpulver, Mehl und Parmesan vermengen. Milch zu der Eigelbmischung geben und dann alle Zutaten zu einem Teig verarbeiten.

2 Masse auf ein mit Backpapier ausgelegtes Blech geben und 2 cm dick glattstreichen. Im heißen Ofen bei 175 °C Umluft 18 bis 22 Minuten goldbraun backen.

3 Aus dem Ofen nehmen, abkühlen lassen, dann in Karos oder Rauten schneiden, in die jeweilige Suppe geben und servieren.

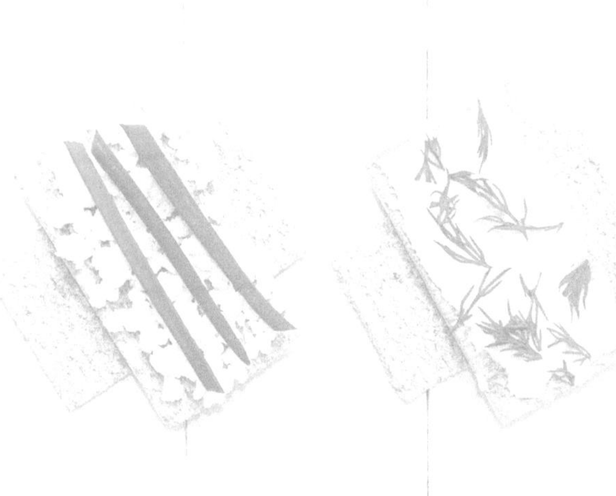

# GEFÜLLTE KÄSEBRÖTCHEN

4 Port.

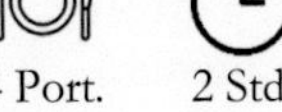
2 Std.

Leicht

**Zutaten**

140 g Frischkäse
120 ml Vollmilch
240 g Weizenmehl
95 g Camembert
½ Würfel Hefe
1 Prise Zucker
1 Prise Paprikapulver (edelsüß)
55 g Butter
95 g Emmentaler am Stück
1 Bund Schnittlauch
1 Ei
1 Prise schwarzer Pfeffer
1 Prise Salz

**Nährwerte p. P.**

*644 kcal*
*50 g Kohlenhydrate*
*39 g Fett*
*24 g Eiweiß*

1 Milch im Topf erwärmen. Hefe in eine Schale bröckeln und mit Zucker in der Milch auflösen. Abdecken und 8 bis 12 Minuten stehen lassen. Butter, Mehl und Salz zufügen und alles zu einem Teig verarbeiten. Erneut abdecken und an einem warmen Ort 60 Minuten gehen lassen.

2 Camembert klein schneiden, Emmentaler reiben und Schnittlauch abbrausen und hacken. Alles mit Ei und Frischkäse mischen und mit Paprikapulver und Pfeffer verfeinern.

3 Teig in vier Teile aufteilen und oval ausrollen. Je ein Viertel der Füllung darauf verteilen und Teig über der Füllung zusammenklappen. Die Enden aneinanderdrücken. Brötchen auf ein mit Backpapier belegtes Blech setzen und bei 175 °C Ober-/Unterhitze im vorgeheizten Ofen 25 bis 30 Minuten knusprig backen. Lauwarm servieren.

**Tipp:** Die Brötchen lassen sich super einfrieren!

# HEFE-WEISSBROT MIT FRISCHKÄSE

5 Port.

2 Std.
5 Min.

Leicht

**Zutaten**

45 g Frischkäse
580 g Weizenmehl
2 EL Pflanzencreme (+ etwas mehr zum Fetten)
Etwas Vollmilch
1 Würfel Hefe
290 ml lauwarmes Wasser
2 TL Zucker
1 TL Salz

**Nährwerte p. P.**

*501 kcal*
*92 g Kohlenhydrate*
*8 g Fett*
*14 g Eiweiß*

1 480 g Mehl in eine Schale sieben. Mittig eine Mulde drücken, dort Hefe hineinbröseln, Zucker und 95 ml Wasser hineingeben und alles verrühren. Abdecken und an einem warmen Ort 14 bis 16 Minuten ruhen lassen.

2 Übriges Wasser mit Salz und Frischkäse vermengen und mit einem Teigschaber mit der Pflanzencreme und dem Teig in der Schale vermengen.

3 Hände bemehlen, Teig aus der Schale nehmen und auf der Arbeitsfläche durchkneten. Übriges Mehl dabei einarbeiten. Teigkloß wieder in die Schale legen und an einem warmen Ort nochmals 14 bis 16 Minuten gehen lassen.

4 Aus dem Teig eine Rolle formen und dann in eine gefettete Kastenform geben. Glatt drücken und mit einem Messer ein paar Male 1 cm tief quer einschneiden. Zudecken und 25 Minuten stehen lassen.

5 Brot im vorgeheizten Ofen bei 210 °C Ober-/Unterhitze auf mittlerer Ebene 8 bis 12 Minuten backen. Dabei eine ofenfeste Form mit etwas Wasser unten in den Ofen stellen. Anschließend die Temperatur auf 185 °C verringern und ca. 35 Minuten weiter backen.

6 Brot herausnehmen, mit der Milch einstreichen und komplett erkalten lassen.

**Tipp:** Das Brot schmeckt toll zum Frühstück mit selbstgemachter Marmelade!

# Hauptspeisen mit Fleisch

# HACKBÄLLCHEN MIT KOHLRABIFRITTEN UND SENFCREME

4 Port.

40 Min.

Leicht

**Zutaten**

240 g Frischkäse
4 Kohlrabi
580 g Rinderhack
30 g Senf
30 ml Öl
2 Schalotten
30 ml Vollmilch
15 g Schnittlauch
1 Prise Zucker
1 Prise Rindergewürz
Salz und Pfeffer

**Nährwerte p. P.**

*762 kcal*
*21 g Kohlenhydrate*
*55 g Fett*
*47 g Eiweiß*

1 Kohlrabi säubern, schälen und in Scheiben schneiden. Daraus 1 cm breite Stifte schneiden. Mit Öl und etwas Salz und Pfeffer vermengen, dann auf einem mit Backpapier ausgelegten Backblech ausbreiten. Bei 195 °C Ober-/Unterhitze im vorgeheizten Ofen ungefähr 30 Minuten backen. Ab und zu wenden.

2 Währenddessen Schalotten schälen, halbieren und klein schneiden. Schnittlauch abbrausen und hacken. Hack mit Rindergewürz, 20 g Senf und Schalotten verkneten. Salzen und pfeffern.

3 Aus der Masse 16 Bällchen formen und diese in eine Auflaufform geben. Sobald die Pommes 20 Minuten im Ofen waren, die Hackbällchen für 14 bis 16 Minuten mit in den Ofen stellen.

4 Frischkäse mit Milch, Schnittlauch, Zucker, etwas Salz und Pfeffer sowie dem übrigen Senf vermengen. Pommes und Hackbällchen mit der Creme auf Tellern anrichten und genießen.

# SPAGHETTI IN PIKANTER BROKKOLI-TOMATENSOSSE

4 Port. 30 Min. Leicht

**Zutaten**

95 g Frischkäse
240 g Brokkoli
510 g Rinderhack
1 Chilischote
45 g Tomatenmark
95 ml Wasser
30 ml Öl
410 g Spaghetti
2 Zwiebeln
1 Pck. stückige Tomaten
4 Zweige Basilikum
45 ml Schlagsahne
Salz und Pfeffer

**Nährwerte p. P.**

*769 kcal*
*48 g Kohlenhydrate*
*44 g Fett*
*44 g Eiweiß*

1 Brokkoliröschen vom Strunk schneiden und säubern. Zwiebeln schälen und klein schneiden. Chili säubern, entkernen und fein hacken.

2 Hack in Öl gut anbraten. Dann Zwiebeln, Tomatenmark und Chili mitgaren. Stückige Tomaten und Wasser zufügen und alles salzen und pfeffern. 8 bis 12 Minuten köcheln lassen.

3 Spaghetti in Salzwasser nach Packungsangabe gar kochen. Brokkoli in Salzwasser 4 bis 6 Minuten blanchieren, dann abgießen.

4 Basilikum abbrausen, Blätter abzupfen und hacken. Sahne mit Frischkäse vermengen. Davon 3 EL abnehmen und zusammen mit Basilikum und Brokkoli zu der Soße geben und untermischen. Nudeln abgießen und unter die Soße heben. Auf Tellern verteilen und mit der übrigen Creme mit einem Löffel toppen.

# FENCHEL-SALAMI-FLAMMKUCHEN

4 Port.

2 Std. 40 Min.

Leicht

**Zutaten**

210 g Frischkäse
240 g Weizenmehl
30 ml Olivenöl
95 ml Buttermilch
1 EL Fenchelsaat
½ TL Salz
10 g frische Hefe
4 EL warmes Wasser
340 g Fenchel
140 g Salami in Scheiben
Salz und Pfeffer

**Nährwerte p. P.**

*560 kcal*
*50 g Kohlenhydrate*
*33 g Fett*
*17 g Eiweiß*

1 Hefe im Wasser auflösen. Mit Mehl, Buttermilch, Öl und ½ TL Salz zu einem Teig verrühren. Daraus eine Kugel formen und abgedeckt an einem warmen Ort 2 Stunden ruhen lassen.

2 Fenchel säubern und das zarte Grün zur Seite legen. Knolle halbieren, Strunk abschneiden und fein hobeln. Fenchelsaat hacken und mit etwas Salz und Pfeffer unter den Fenchel mischen.

3 Teig durchkneten und in vier Teile aufteilen. Nacheinander auf je ein mit Backpapier ausgelegtes Blech geben und dünn ausrollen. 15 Minuten zur Seite stellen, dann noch dünner ausrollen.

4 Frischkäse auf den Teig streichen und Salami und Fenchel darauf verteilen. Nacheinander im auf 240 °C Ober-/Unterhitze vorgeheizten Ofen auf mittlerer Ebene 6 bis 8 Minuten backen. Herausnehmen und mit Fenchelgrün garnieren.

# ENTENBRUST MIT FRISCHKÄSE-ORANGEN-SOSSE

4 Port. 35 Min. Leicht

**Zutaten**

210 g Frischkäse
410 ml Orangensaft
720 g Rosenkohl
1 Orange
4 Entenbrüste (à 200 g)
130 g Pekannüsse
40 g Butter
4 Zweige Rosmarin
Etwas Muskatnuss
Rote Pfefferkörner
Salz und Pfeffer

**Nährwerte p. P.**

*1.043 kcal*
*37 g Kohlenhydrate*
*81 g Fett*
*49 g Eiweiß*

1 Orange in Scheiben schneiden. Orangensaft im Topf um die Hälfte einkochen. Dann Frischkäse unterrühren und mit Salz und Pfeffer würzen. Erneut aufkochen und von der Platte nehmen.

2 Strunk vom Rosenkohl vorsichtig aushöhlen und die Blätter abtrennen. In Salzwasser 2 Minuten blanchieren. Anschließend abschrecken und zur Seite stellen.

3 Eine Pfanne erwärmen und Entenbrüste mit der Hautseite nach oben erst ohne Öl 2 Minuten kurz braten. Dabei umdrehen. Dann auf der Hautseite im vorgeheizten Ofen bei 195 °C Ober-/Unterhitze 8 Minuten backen.

4 Entenbrüste wenden, Orangenscheiben und Rosmarin zufügen und weitere 4Minuten mitbacken. Orangenscheiben dabei einmal wenden.

5 Pekannüsse hacken. Butter in einer Pfanne schmelzen und Rosenkohlblätter mit den Nüssen und etwas Muskatnuss, Salz und Pfeffer eine Weile anbraten.

6 Entenbrüste mit dem Rosenkohl, der Frischkäsesoße und den Orangen auf Tellern anrichten und mit roten Pfefferkörnern bestreuen.

# HÄHNCHENFILET IN KRÄUTER-FRISCHKÄSE-SOSSE

4 Port.

35 Min.

Leicht

**Zutaten**

210 g Kräuterfrischkäse
610 g Hähnchenbrustfilet
Etwas Paprikapulver (rosenscharf)
30 ml Olivenöl
1 EL Gemüsebrühpulver
2 EL Petersilie oder Schnittlauch (gehackt)
1 Knoblauchzehe
140 ml Vollmilch
260 ml Schlagsahne
2 TL Senf
Salz und Pfeffer

**Nährwerte p. P.**

*660 kcal*
*7 g Kohlenhydrate*
*52 g Fett*
*42 g Eiweiß*

1 Hähnchen abtupfen und in grobe Stücke schneiden. Mit Paprikapulver, Salz und Pfeffer würzen, dann in Öl von allen Seiten scharf anbraten. Danach in eine Auflaufform umfüllen.

2 Sahne mit Senf, Frischkäse, Brühe und Milch verrühren. Knoblauch schälen und dazupressen. Etwas pfeffern und Soße auf das Fleisch gießen.

3 Hähnchen bei 175 °C Ober-/Unterhitze 22 bis 24 Minuten backen. Anschließend herausnehmen und mit den Kräutern toppen.

**Tipp:** Mit Kartoffeln, Reis oder Baguette servieren!

# MÖHREN-SCHINKENAUFLAUF MIT KÄSESOSSE

2 Port. 45 Min. Leicht

**Zutaten**

190 g Frischkäse
480 g Möhren
2 Eier
1 Bund Frühlingszwiebeln
2 EL Petersilie (gehackt)
95 g Bergkäse (gerieben)
190 g Kochschinken
2 EL Schnittlauch (gehackt)
2 EL Butterschmalz
Salz und Pfeffer

**Nährwerte p. P.**

*945 kcal*
*33 g Kohlenhydrate*
*68 g Fett*
*55 g Eiweiß*

1 Möhren schälen und vierteln. Frühlingszwiebeln säubern und klein schneiden. Schinken klein schneiden.

2 Eier mit Frischkäse pürieren, Schnittlauch und Petersilie sowie 45 g Bergkäse und etwas Salz und Pfeffer untermengen.

3 Möhren in dem Schmalz anbraten und geschlossen 5 bis 7 Minuten garen. Frühlingszwiebeln zugeben und kurz weiter garen. Beides mit dem Schinken in eine Auflaufform umfüllen, Frischkäse-Mischung darauf geben und den restlichen Käse darüberstreuen.

4 Im vorgeheizten Ofen bei 195 °C Ober- /Unterhitze auf mittlerer Ebene ungefähr 20 bis 25 Minuten backen.

# GEFÜLLTE PUTENSCHNITZEL-ROULADEN

2 Port.

35 Min.

Leicht

**Zutaten**

95 g Ziegenfrischkäse
4 Putenschnitzel (à 80 g)
1 EL Honig
210 g Möhren
2 EL Semmelbrösel
30 ml Öl
140 g Lauch
1 Eigelb
2 EL krause Petersilie (gehackt)
45 ml Weißwein
95 g Hühnerbrühe
Salz und Pfeffer

**Nährwerte p. P.**

*726 kcal*
*60 g Kohlenhydrate*
*38 g Fett*
*33 g Eiweiß*

1 Fleisch zwischen Frischhaltefolie mit einem Stieltopf 3 bis 4 mm dick plattieren. Möhren schälen und ¼ davon klein schneiden. Den Rest in Stifte schneiden. Lauch säubern, halbieren und schräg in Stücke schneiden.

2 Möhrenstücke mit Frischkäse, Eigelb, der Hälfte des Honigs, 1 EL Petersilie sowie den Semmelbröseln vermengen und etwas salzen und pfeffern. Ein paar Minuten stehen lassen.

3 Schnitzel beidseitig salzen und pfeffern, dann mit der Creme einstreichen, aufrollen und mit Zahnstochern feststecken. In Öl von allen Seiten 4 bis 6 Minuten anbraten. Herausnehmen und zur Seite stellen.

4 Möhrenstifte und Lauch im Bratöl 5 Minuten braten. Salzen, pfeffern und den übrigen Honig zufügen. Brühe und Wein zugeben, alles zum Kochen bringen, Rouladen hineinlegen und geschlossen 8 bis 12 Minuten schmoren. Zum Schluss mit der übrigen Petersilie bestreuen.

# SAFTIGES STEAK-SANDWICH

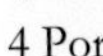

4 Port. 30 Min. Leicht

**Zutaten**

210 g Frischkäse
45 g Walnüsse
310 g Rotkohl
4 EL Preiselbeeren
2 Möhren
30 ml Rotweinessig
4 EL Öl
2 Bund Koriander
310 g Spitzkohl
30 g Honig
8 Scheiben Graubrot
2 Rumpsteaks (à 300 g)
Salz und Pfeffer

**Nährwerte p. P.**

*861 kcal*
*66 g Kohlenhydrate*
*47 g Fett*
*48 g Eiweiß*

1 Spitzkohl und Rotkohl vom Strunk befreien, säubern und in dünne Streifen schneiden. Möhren schälen und in Stifte schneiden. Mit den Kohlsorten in eine Schale geben.

2 Nüsse hacken und mit den Preiselbeeren zum Gemüse geben. Alles salzen, pfeffern und Honig sowie Essig zugeben. Gut mischen.

3 Koriander abbrausen. Frischkäse mit etwas Salz und Pfeffer verrühren. Brotscheiben knusprig toasten. Steak bei mittlerer Temperatur im Öl 8 bis 10 Minuten von beiden Seiten anbraten sowie salzen und pfeffern.

4 Frischkäsecreme auf vier Brote streichen und mit etwas von dem Salat belegen. Fleisch in Scheiben schneiden und darauf anrichten. Erneut etwas Salat auf das Fleisch geben und mit etwas Koriander abschließen. Die übrigen Brotscheiben obendrauf legen, Sandwiche schräg in zwei Hälften schneiden und genießen.

# Hauptspeisen mit Fisch & Meeresfrüchten

# GEFÜLLTE ZUCCHINI-SCHOLLEN-RÖLLCHEN

 4 Port.

 45 Min.

 Leicht

**Zutaten**

290 g Frischkäse
2 Zucchini
480 g Schollenfilet (4 Filets)
1 Zitrone
Je 2 Zweige Dill und Basilikum
1 Zwiebel
70 ml Gemüsebrühe
290 g Tomaten
2 TL Rapsöl
Salz und Pfeffer

**Nährwerte p. P.**

*553 kcal*
*29 g Kohlenhydrate*
*39 g Fett*
*22 g Eiweiß*

1 Zucchini säubern und in feine Scheiben schneiden. Für 2 Minuten in kochendem Wasser garen, anschließend abgießen.

2 Schollenfilets säubern, abtupfen und der Länge nach halbieren. Salzen und pfeffern. Basilikum und Dill abbrausen und fein hacken. Zitrone halbieren und auspressen. Etwas Basilikum zur Seite legen und die übrigen Kräuter mit Zitronensaft, Frischkäse und etwas Salz und Pfeffer vermengen.

3 Zwiebel schälen und klein schneiden. Tomaten säubern und ebenfalls klein schneiden. Zwiebel in Öl in einer Pfanne andünsten. Tomaten mit hineingeben und 2 Minuten mitbraten. Brühe zufügen und alles 8 bis 12 Minuten köcheln lassen. Salzen und pfeffern.

4 Währenddessen jeweils eine Zucchinischeibe auf die halbierten Fischfilets legen und mit der Frischkäsecreme einstreichen. Aufrollen, in eine Auflaufform legen und mit der Tomatensoße toppen.

5 Im heißen Ofen bei 195 °C Ober-/Unterhitze gut 20 Minuten backen. Herausnehmen und mit dem Basilikum bestreuen.

# FISCH-LAUCH-AUFLAUF

2 Port.

45 Min.

Leicht

**Zutaten**

95 g Doppelrahmfrischkäse
2 TL Öl
290 g Lauch
2 Saiblingsfilets (à 190 g)
95 ml Vollmilch
1 EL Currypulver
140 ml Gemüsebrühe
70 g Bacon (3 Scheiben)
2 EL Majoranblätter
Salz und Pfeffer

**Nährwerte p. P.**

*672 kcal*
*27 g Kohlenhydrate*
*41 g Fett*
*50 g Eiweiß*

1 Lauch säubern und der Länge nach halbieren. In grobe Stücke schneiden. Bacon in 2 cm große Stücke schneiden und in Öl 3 Minuten braten. Herausnehmen und Lauch im Bratfett 3 Minuten braten. Brühe zugeben und 4 bis 6 Minuten geschlossen köcheln lassen.

2 Lauch herausschöpfen und in eine Auflaufform füllen. Frischkäse, Milch, Curry und etwas Salz und Pfeffer in die Brühe geben und kurz erhitzen.

3 Fisch und Bacon auf den Lauch geben und alles mit Majoran bestreuen. Soße obendrüber verteilen und alles bei 175 °C Ober-/Unterhitze im heißen Ofen 16 bis 18 Minuten backen.

# MUSCHELN IN FRISCHKÄSESAUCE

4 Port. 20 Min. Leicht

**Zutaten**

½ Becher Frischkäse mit Kirschpaprika
950 g Miesmuscheln (mit Schale in Salzlake)
2 TL Öl
1 TL Basilikum
½ Chilischote
1 Zwiebel
45 ml Vollmilch
3 Knoblauchzehen
45 ml Schlagsahne
1 TL Oregano
Salz und Pfeffer

**Nährwerte p. P.**

*335 kcal*
*16 g Kohlenhydrate*
*16 g Fett*
*30 g Eiweiß*

1 Muscheln in der Salzlake erwärmen und aus der Schale lösen. Zur Seite stellen. Chili säubern, entkernen und hacken. Knoblauch und Zwiebel hacken und im Öl andünsten. Chili zufügen und Frischkäse untermischen.

2 Sahne und Milch zugeben, alles mit Basilikum, Salz, Pfeffer und Oregano abschmecken und die Muscheln untermischen. Nochmals erhitzen und servieren.

**Tipp:** Dazu passen Spaghetti oder Weißbrot!

# GEBRATENER LACHS MIT PETERSILIENMUS

2 Port. 30 Min. Leicht

**Zutaten**

55 g Frischkäse
310 g Lachsfilet mit Haut
310 g Petersilienwurzel
160 ml Wasser
1 Schalotte
45 ml Rapsöl
1 Bund glatte Petersilie
1 Knoblauchzehe
30 ml Zitronensaft
Salz und Pfeffer

**Nährwerte p. P.**

*672 kcal*
*16 g Kohlenhydrate*
*51 g Fett*
*40 g Eiweiß*

1 Petersilienwurzel säubern, schälen und in Stücke schneiden. Petersilie abbrausen und hacken. Knoblauch und Schalotte schälen und hacken. Alles in 30 ml Öl im Topf erhitzen und 3 Minuten andünsten. Salzen und pfeffern.

2 Wasser zugeben und alles 8 bis 12 Minuten geschlossen dünsten. Frischkäse, Zitronensaft und die Hälfte der Petersilie hineingeben und alles pürieren. Erneut mit Salz und Pfeffer abschmecken.

3 Lachs etwas salzen und im übrigen Öl zuerst auf der hautlosen Seite 3 Minuten bei mittlerer Temperatur braten, dann wenden und 4 Minuten auf der Hautseite kross anbraten.

4 Petersilienpüree auf Tellern verteilen, Fischfilets darauf legen und alles mit der übrigen Petersilie garnieren.

**Tipp:** Alternativ passt auch Seelachs, Zander oder Kabeljau zu diesem Gericht!

# GEFÜLLTE GEBACKENE CHAMPIGNONS

2 Port.

20 Min.

Leicht

**Zutaten**

310 g Frischkäse
35 g Alaska-Seelachs
10 große Champignons
Etwas Chilipulver
30 ml Olivenöl
1 Spritzer Zitronensaft
2 EL schwarze entsteinte Oliven
1 EL italienische Kräuter
Salz und Pfeffer

**Nährwerte p. P.**

*505 kcal*
*10 g Kohlenhydrate*
*47 g Fett*
*15 g Eiweiß*

1 Fisch abbrausen, trockentupfen und in feine Schnitzelchen schnei-den. Mit Zitronensaft mischen. Champignons säubern, Stiele heraus-schneiden und diese klein schneiden. Oliven in Scheiben schneiden.

2 Oliven, Champignon-Stiele, Frischkäse, Kräuter, Seelachs und Öl vermengen. Alles mit Chili, Salz und Pfeffer würzen. Mit der Masse die Champignon-Köpfe befüllen und diese in eine Auflaufform setzen.

3 Im heißen Ofen bei 195 °C Ober-/Unterhitze 18 bis 22 Minuten überbacken.

# BANDNUDELN IN CREMIGER FRISCHKÄSE-SOSSE MIT GARNELEN

2 Port. 30 Min. Leicht

**Zutaten**

210 g Frischkäse
16 Garnelen
6 EL Olivenöl
170 g Spinat
210 ml Weißwein
2 Zwiebeln
1 Granatapfel
4 Knoblauchzehen
290 g Tagliatelle
210 ml Gemüsebrühe
30 g Pistazien
Salz und Pfeffer

**Nährwerte p. P.**

*1.317 kcal*
*82 g Kohlenhydrate*
*88 g Fett*
*36 g Eiweiß*

1 Zwiebeln und Knoblauch schälen und in Spalten schneiden. Garnelen schälen. Mit einem Zahnstocher jeweils den Darm vorsichtig herauslösen, indem Sie die Garnelen oben vorsichtig einstechen. Spinat säubern. Granatapfel entkernen. Pistazien hacken.

2 Nudeln nach Packungsangabe in Salzwasser gar kochen und anschließend abgießen. Währenddessen Garnelen, Zwiebeln und Knoblauch im Öl 4 bis 6 Minuten anbraten. Ab und zu wenden. Brühe und Wein zugießen, dann Frischkäse untermengen. Einmal zum Kochen bringen, salzen und pfeffern und zur Seite stellen.

3 Die Nudeln auf Tellern verteilen. Spinatblätter darauf anrichten und alles mit der Soße und den Garnelen toppen. Mit Granatapfelkernen und Pistazien bestreuen.

# Vegetarische Hauptspeisen

# PASTA IN CREMIGER MÖHREN-SOSSE

2 Port.

20 Min.

Leicht

**Zutaten**

95 g Frischkäse
310 g Möhren
210 g Vollkorn-Hörnchennudeln
½ Bund glatte Petersilie
1 TL Currypulver (edelsüß)
2 TL Butter
1 Zwiebel
140 ml Vollmilch
Salz und Pfeffer

**Nährwerte p. P.**

*717 kcal*
*104 g Kohlenhydrate*
*27 g Fett*
*24 g Eiweiß*

1 Zwiebel schälen und hacken. Möhren säubern, schälen und in Stifte schneiden. Petersilie abbrausen und hacken.

2 Zwiebel in Butter 3 Minuten braten. Etwas Salz und Curry zufügen und ein paar Minuten weiter dünsten. Währenddessen Nudeln in Salzwasser nach Packungsangabe gar kochen.

3 Frischkäse mit Petersilie und Milch zu den Möhren geben, unterrühren und alles aufkochen. Soße salzen und pfeffern.

4 Nudeln abgießen, auf Teller geben und mit der Soße toppen.

# MOZZARELLA-GEMÜSE-PIZZA

1 Port. 45 Min. Leicht

**Zutaten**

**Für den Boden:**
160 g Frischkäse
4 Eier
210 g geriebener Käse

**Für den Belag:**
95 g gewürzte Tomatensoße
95 g geriebener Mozzarella
80 g Brokkoli
80 g Aubergine

**Nährwerte p. P.**

*1.783 kcal*
*29 g Kohlenhydrate*
*140 g Fett*
*104 g Eiweiß*

1 Eier und Frischkäse mit einem Schneebesen verrühren. Käse zugeben und die Masse auf ein mit Backpapier belegtes Blech füllen.

2 Im heißen Ofen bei 175 °C Ober-/Unterhitze ca. 25 Minuten goldbraun backen. Währenddessen Gemüse säubern und in mundgerechte Stücke schneiden.

3 Herausnehmen und mit der Tomatensoße einstreichen. Mit Gemüse und Mozzarella belegen und weitere 10 bis 15 Minuten backen.

# CREMIGE REIS-GEMÜSE-PFANNE

3 Port.

30 Min.

Leicht

**Zutaten**

140 g Frischkäse
240 g Reis
290 g TK-Erbsen
290 g Möhren
1 ½ EL Currypulver
2 Zwiebeln
1 Paprika
1 EL Brühpulver
240 ml Wasser
Etwas Öl
1 TL Kreuzkümmelpulver
Salz und Pfeffer

**Nährwerte p. P.**

*657 kcal*
*99 g Kohlenhydrate*
*22 g Fett*
*16 g Eiweiß*

1 Reis nach Packungsangabe in Wasser zusammen mit dem Brühpulver gar kochen.

2 Währenddessen Zwiebeln schälen und klein schneiden. In Öl und 1 TL Curry in einer Pfanne anbraten. Möhren säubern und grob reiben, Paprika säubern, entkernen und klein schneiden und beides mit dem Wasser in die Pfanne geben. 8 bis 12 Minuten köcheln lassen. Erbsen zufügen und weitere 4 bis 6 Minuten kochen.

3 Frischkäse unterrühren, dann den Rest Curry sowie Kümmel und etwas Salz und Pfeffer. Reis abgießen und untermengen.

# SPARGELRISOTTO MIT ZIEGENFRISCHKÄSE

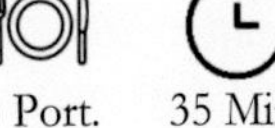

3 Port. 35 Min. Leicht

**Zutaten**

140 g Ziegenfrischkäse
190 g Graupen
95 ml trockener Weißwein
30 g Bärlauch
4 EL Butter
2 Schalotten
1 Bund grüner Spargel
720 ml Gemüsebrühe
Salz und Pfeffer

**Nährwerte p. P.**

*519 kcal*
*56 g Kohlenhydrate*
*23 g Fett*
*16 g Eiweiß*

1 Brühe im Topf zum Kochen bringen. Schalotten schälen, halbieren und hacken. In 2 EL Butter mit Graupen und etwas Salz 2 Minuten anbraten. Wein zugeben und alles köcheln lassen, bis die Flüssigkeit einreduziert ist.

2 ⅓ der Brühe zugießen und unter Rühren einkochen lassen, bis die Graupen die Flüssigkeit aufgenommen haben. Vorgang mit der übrigen Brühe in zwei Schritten wiederholen.

3 Währenddessen Spargel säubern, ggf. unten schälen und Enden abtrennen, dann schräg in Stücke schneiden. Bärlauch abbrausen und hacken.

4 Übrige Butter in eine Pfanne geben und Spargel 4 bis 6 Minuten braten. Ab und zu die Pfanne schwenken und salzen und pfeffern. ⅔ vom Frischkäse sowie Bärlauch zum Graupenrisotto geben und mit Salz und Pfeffer abschmecken.

5 Auf Tellern anrichten, Spargel darauf geben und mit dem restlichen Frischkäse toppen.

# FRISCHKÄSE-SPINAT-CANNELLONI

4 Port. 50 Min. Leicht

**Zutaten**

2 ½ Pck. Kräuterfrischkäse
1 Knoblauchzehe
1 Pck. passierte Tomaten
20 Cannelloni
210 ml Gemüsebrühe
45 ml Olivenöl (und etwas mehr zum Fetten)
1 Zwiebel
1 Pck. TK-Blattspinat (aufgetaut)
1 Prise Zucker
45 ml Vollmilch
Etwas Muskatnuss (gerieben)
½ Pck. geriebener Emmentaler
Salz und Pfeffer

**Nährwerte p. P.**

*738 kcal*
*42 g Kohlenhydrate*
*52 g Fett*
*25 g Eiweiß*

1 Knoblauch und Zwiebel schälen und beides hacken. Dann im Öl anschwitzen. Nach ein paar Minuten Brühe und Tomaten zugeben und zum Kochen bringen. Bei wenig Hitze 6 bis 8 Minuten köcheln lassen, dabei ab und zu durchrühren. Anschließend mit Zucker, Salz und Pfeffer würzen.

2 Frischkäse und Milch verrühren. Spinat hacken und untermengen. Mit Muskat, Salz und Pfeffer würzen.

3 Cannelloni mit der Spinat-Mischung befüllen und in eine gefettete Auflaufform legen. Soße darübergießen und mit dem Käse toppen. Im heißen Ofen bei 170 °C Umluft ca. 35 Minuten backen.

# GNOCCHI-GEMÜSE-PFANNE MIT CHAMPIGNONS

4 Port. 25 Min. Leicht

**Zutaten**

140 g Ziegenfrischkäse
510 g Gnocchi
1 Zucchini
240 g Kirschtomaten
2 TL Rapsöl
510 g Champignons
1 Zwiebel
½ Bund Schnittlauch
Salz und Pfeffer

**Nährwerte p. P.**

*332 kcal*
*53 g Kohlenhydrate*
*9 g Fett*
*12 g Eiweiß*

1 Gnocchi nach Packungsangabe in Salzwasser garen, danach durch ein Sieb gießen.

2 Zwiebel schälen und hacken. Zucchini säubern und klein schneiden. Pilze und Tomaten säubern und vierteln. In Öl alles, bis auf die Tomaten, in einer Pfanne andünsten.

3 Nach ein paar Minuten Tomaten und Gnocchi untermischen und Frischkäse einrühren. Salzen und pfeffern. Schnittlauch abbrausen, hacken und auf das Gericht streuen.

**Tipp:** Soßen-Fans können zusätzlich zum Frischkäse etwas Gemüsebrühe unterrühren

# Vegane Hauptspeisen

# GEMÜSE-REISGERICHT MIT FRISCHKÄSE-CURRY-SOSSE

3 Port.

35 Min.

Leicht

**Zutaten**

240 g veganer Frischkäse
2 TL Öl
240 g Reis
190 g TK-Erbsen
240 ml Wasser
290 g Möhren
2 EL Currypulver
2 rote Paprika
1 ½ TL Gemüsebrühpulver
½ Bund Frühlingszwiebeln
Etwas Sojasoße
Salz

**Nährwerte p. P.**

*616 kcal*
*108 g Kohlenhydrate*
*14 g Fett*
*16 g Eiweiß*

1 Reis nach Packungsangabe in Salzwasser gar kochen. Währenddessen Möhren schälen und in Scheiben schneiden. Paprika säubern, entkernen und in Streifen schneiden. Frühlingszwiebeln säubern und den weißen und grünen Teil getrennt klein schneiden. Erbsen heiß abspülen.

2 Möhren und das Weiße der Frühlingszwiebeln im Öl andünsten. Nach 3 Minuten Paprika zufügen und 2 Minuten mitbraten. Wasser und Brühe zugeben und Curry untermengen. Zum Kochen bringen und 3 Minuten köcheln lassen.

3 Frischkäse einrühren und kurz ziehen lassen. Mit Sojasoße und Salz würzen. Soße auf dem Reis auf Tellern anrichten und mit dem grünen Teil der Frühlingszwiebeln bestreuen.

# GEMÜSEFRITTATA

3 Port. 55 Min. Leicht

**Zutaten**

160 g veganer Frischkäse
4 Möhren
110 g festkochende Kartoffeln
½ Zucchini
4 Eier
85 g geriebener Käse
2 EL gehackte Petersilie
Salz und Pfeffer

**Nährwerte p. P.**

*358 kcal*
*28 g Kohlenhydrate*
*19 g Fett*
*20 g Eiweiß*

1 Frischkäse, Eier und Käse mit etwas Salz und Pfeffer verrühren. In eine Auflaufform umfüllen.

2 Kartoffeln säubern, schälen und klein schneiden. Möhren säubern, schälen und klein hacken. Zucchini säubern, halbieren, entkernen und klein schneiden. Gemüse in die Form geben und mit Petersilie bestreuen.

3 Im vorgeheizten Ofen bei 175 °C Ober- /Unterhitze 35 bis 40 Minuten backen.

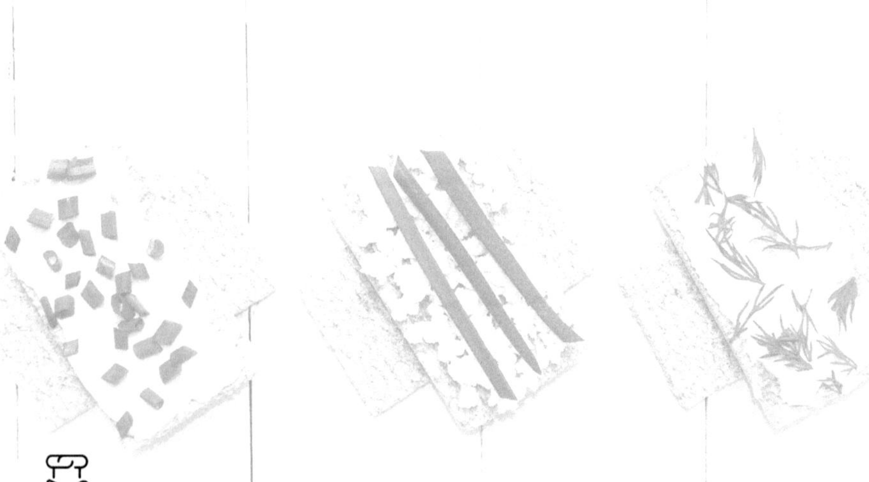

# SPINAT-TORTELLINI-PFANNE MIT TOMATEN

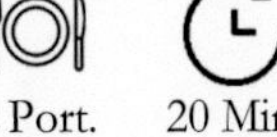

2 Port. 20 Min. Leicht

**Zutaten**

140 g veganer Frischkäse
390 g Tortellini (z. B. mit Spinatfüllung)
45 ml Wasser
95 g Babyspinat
240 g Kirschtomaten
1 Knoblauchzehe
2 TL Rapsöl
Etwas Muskat
Etwas Oregano
Salz und Pfeffer

**Nährwerte p. P.**

*640 kcal*
*84 g Kohlenhydrate*
*24 g Fett*
*21 g Eiweiß*

1 Knoblauch schälen, hacken und im Öl anschwitzen. Wasser, Frischkäse und Gewürze untermischen. Dann Spinat und Tomaten kurz mitdünsten.

2 Tortellini mit in die Pfanne geben und geschlossen 6 bis 8 Minuten köcheln lassen. Dabei ab und zu durchrühren.

**Tipp:** Dazu passt ein Feld- oder Kopfsalat!

# HERZHAFTE ROGGENPFANNKUCHEN MIT FRISCHKÄSECREME, ZWIEBELN UND KAPERN

2 Port.

25 Min.

Leicht

**Zutaten**

45 g veganer Frischkäse
310 g Roggen-Sauerteig
2 Frühlingszwiebeln
1 EL Kapern
¼ Gurke
1 Handvoll Kräuter
2 TL Olivenöl
1 rote Zwiebel
1 Prise Salz

**Nährwerte p. P.**

*655 kcal*
*107 g Kohlenhydrate*
*11 g Fett*
*18 g Eiweiß*

1 Sauerteig ggf. mit etwas Wasser verdünnen, salzen und gut verrühren. Frühlingszwiebeln säubern und klein schneiden. Kräuter abbrausen und hacken. Zwiebel schälen, halbieren und in Ringe schneiden. Gurke säubern und in Scheiben schneiden. Kapern hacken.

2 Die Hälfte des Teiges in 1 TL Öl in einer Pfanne bei mittlerer Temperatur von beiden Seiten jeweils 2 Minuten als Pfannkuchen ausbacken. Mit der anderen Hälfte genauso verfahren.

3 Pfannkuchen mit Frischkäse einstreichen, vorbereitete Zutaten darauf verteilen, salzen, einklappen oder aufrollen und genießen.

# LINSEN-BOLOGNESE MIT FRISCHKÄSE

 2 Port.
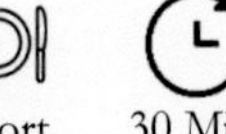 30 Min.
 Leicht

**Zutaten**

70 g veganer Frischkäse
480 g passierte Tomaten
1 Zwiebel
3 TL Tomatenmark
30 ml Öl
1 TL Paprikapulver (edelsüß)
80 g rote Linsen
140 g Cherry-Tomaten
1 Knoblauchzehe
1 EL italienische Kräuter
2 TL Gemüsebrühpulver
Chiliflocken n. B.
Salz und Pfeffer

**Nährwerte p. P.**

*458 kcal*
*52 g Kohlenhydrate*
*19 g Fett*
*18 g Eiweiß*

1 Zwiebel schälen und hacken. Knoblauch schälen und pressen. Cherry-Tomaten säubern und halbieren.

2 Zwiebeln im Öl in einem Topf anschwitzen. Wenn sie schön gebräunt sind, Knoblauch, Linsen und Tomatenmark zufügen und untermischen. Kurz danach passierte Tomaten zugeben, alles zum Kochen bringen und 14 bis 16 Minuten geschlossen köcheln lassen. Ab und zu durchrühren.

3 Tomaten und Frischkäse untermengen und alles mit Kräutern, Brühpulver, Chiliflocken, Paprikapulver sowie Salz und Pfeffer würzen. Mit Nudeln servieren.

# Fingerfood / Snacks

# GURKEN-LACHS-SUSHI MIT FRISCHKÄSE

4 Port.

10 Min.

Leicht

**Zutaten**

55 g Frischkäse
1 Avocado
2 Gurken
110 g Räucherlachs

**Nährwerte p. P.**

*183 kcal*
*10 g Kohlenhydrate*
*13 g Fett*
*8 g Eiweiß*

**Tipp:** Dazu passt Sojasoße!

1 Gurken säubern und in 2 cm breite Scheiben schneiden. Mit einem Apfelausstecher bei jeder Scheibe mittig ein Loch schneiden.

2 Avocado halbieren, entsteinen und Fruchtfleisch würfeln. Lachs in Stücke schneiden.

3 Jede Gurkenscheibe mit zwei Avocadostückchen, einem Stück Lachs und 1 TL Frischkäse befüllen. Auf einer Servierplatte anrichten.

# HERZHAFTE CRÊPE-RÖLLCHEN MIT MÖHREN UND FRISCHKÄSE-CREME

6 Port.

40 Min.

Leicht

**Zutaten**

240 g Frischkäse (45 % Fett)
95 g Dinkelvollkornmehl
2 Möhren
170 ml Vollmilch
1 EL Kurkumapulver
110 g Magerquark
2 TL Rapsöl
30 g flüssige Butter
2 Eier
30 ml Zitronensaft
Etwas Muskatnuss
Salz und Pfeffer

**Nährwerte p. P.**

*321 kcal*
*17 g Kohlenhydrate*
*23 g Fett*
*11 g Eiweiß*

1 Mehl, Kurkuma und etwas Salz mischen. Milch, Butter und Eier mischen und zu der Mehlmischung geben. Zu einem glatten Teig verarbeiten und 8 bis 12 Minuten stehen lassen.

2 Eine heiße Pfanne mit dem Öl einpinseln. Jeweils 1 bis 2 EL Teig hineingeben und von jeder Seite goldgelb ausbacken. Herausnehmen und mit dem gesamten Teig ebenso verfahren.

3 Quark mit Frischkäse vermengen und mit Muskat, Salz und Pfeffer verfeinern. Möhren säubern, schälen, fein raspeln und mit Zitronensaft vermengen.

4 Je 1 Crêpe auf einen Bogen Backpapier geben und mit 2 TL von der Frischkäse-Creme einstreichen. Etwas von den Möhren darüberstreuen und aufrollen. Rollen schräg in 2 cm breite Röllchen schneiden und mit Zahnstochern fixieren.

# BACON-TOAST-HÄPPCHEN MIT KRÄUTERN

10 Port. 30 Min. Leicht

**Zutaten**

210 g Frischkäse
10 Scheiben Toastbrot
1 Knoblauchzehe
120 g getrocknete, in Öl eingelegte Tomaten
20 Scheiben Bacon
2 TL gehackte Petersilie
2 TL gehackter Schnittlauch
2 TL Crème fraîche
Etwas Öl zum Fetten
Salz und Pfeffer

**Nährwerte p. P.**

*231 kcal*
*14 g Kohlenhydrate*
*16 g Fett*
*7 g Eiweiß*

1 Tomaten abtropfen lassen und hacken. Crème fraîche, Frischkäse, gepressten Knoblauch, Tomaten und Kräuter mischen. Salzen und pfeffern.

2 Ränder vom Toastbrot abschneiden und aus jeder Scheibe kreuzweise vier Quadrate schneiden. Je 1 TL der Creme auf ein Quadrat streichen.

3 Bacon quer halbieren und je eine halbe Scheibe auf ein Quadrat legen. Die Häppchen auf einem gefetteten Blech im heißen Ofen bei 210 °C Ober-/Unterhitze 16 bis 18 Minuten knusprig backen.

**Tipp:** Die Häppchen können auch super am Vorabend vorbereitet werden! Einfach über Nacht kühl stellen und vor dem Servieren backen.

# SCHINKEN-GRAPEFRUIT-HÄPPCHEN

 2 Port.
 15 Min.
 Leicht

**Zutaten**

110 g Frischkäse
2 TL Sesamsamen
6 Scheiben Parmaschinken
1 Grapefruit
Etwas Schnittlauch
Salz und Pfeffer

**Nährwerte p. P.**

*401 kcal*
*12 g Kohlenhydrate*
*31 g Fett*
*19 g Eiweiß*

1 Grapefruit schälen und dabei die weiße Haut mit entfernen. Mit einem scharfen Messer Filets vorsichtig herauslösen. Sesam ohne Fett kurz in einer Pfanne anrösten und Schnittlauch abbrausen und klein schneiden.

2 Schnittlauch mit Frischkäse glattrühren und mit Salz und Pfeffer würzen.

3 Schinken quer halbieren und mit der Frischkäsecreme einstreichen. Mit je einem Grapefruitfilet diagonal belegen. Dann Schinken über das Filet legen und erneut halbieren. Mit Zahnstochern fixieren.

# PIKANTE GARNELEN AUF AVOCADOCREME

4 Port. 15 Min. Leicht

**Zutaten**

160 g Frischkäse
90 g Avocado (Fruchtfleisch)
1 TL Zitronensaft
1 Stück rote Chilischote
260 g Riesengarnelen
1 TL Olivenöl
1 kleines Stück Ingwer
2 Zweige Petersilie
Salz und Pfeffer

**Nährwerte p. P.**

*240 kcal*
*3 g Kohlenhydrate*
*19 g Fett*
*15 g Eiweiß*

1 Garnelen schälen und abspülen. Ingwer schälen und hacken. Petersilie abbrausen und ebenfalls hacken. Chili säubern und in feine Ringe schneiden.

2 Öl in einer Pfanne erhitzen und Garnelen in 4 bis 6 Minuten von allen Seiten anbraten. Salzen und pfeffern. Dann Ingwer und Chili zufügen und 2 Minuten mitbraten.

3 Frischkäse, Avocado, Zitronensaft, Petersilie sowie etwas Salz und Pfeffer fein pürieren.

4 Creme auf Gläser verteilen und die Garnelen darauf anrichten.

# KÜRBIS-KARTOFFEL-PUFFER MIT FRISCHKÄSECREME UND FEIGEN

8 Port.

30 Min.

Leicht

**Zutaten**

410 g Frischkäse
65 g Walnüsse
620 g Kartoffeln
4 Feigen
2 Eier
170 g Hokkaido-Kürbis
30 g Sahnemeerrettich
2 Beete Kresse
170 g Räucherlachs
2 EL Maisstärke
6 EL Pflanzenöl
Etwas Muskat
Salz und Pfeffer

**Nährwerte p. P.**

*475 kcal*
*26 g Kohlenhydrate*
*37 g Fett*
*13 g Eiweiß*

1 Kartoffeln schälen, Kürbis säubern und entkernen. Beides grob reiben. Stärke und Eier zufügen und mit Muskat, Salz und Pfeffer würzen. Gut mischen.

2 Etwas Öl in einer Pfanne erwärmen und von der Masse kleine Haufen in die Pfanne setzen. Etwas plattdrücken und beidseitig goldbraun braten. Mit dem übrigen Teig genauso verfahren.

3 Währenddessen Frischkäse und Meerrettich mit etwas Salz und Pfeffer verrühren. Creme auf die fertigen Puffer geben und Lachs darauf anrichten. Mit Kresse, Nüssen und Feigenspalten dekorieren und genießen.

# PIZZATASCHEN

 10 Port.  45 Min.  Leicht

**Zutaten**

210 g Frischkäse (Doppelrahmstufe)
Je 1 weiße und 1 rote Zwiebel
2 Pck. Pizzateig
1 Eigelb
5 Tomaten
95 g Schmand
3 Zweige Basilikum
2 Romana-Salatherzen
40 ml Sonnenblumenöl
120 g Schinkenwürfel
3 EL Paniermehl
30 ml Vollmilch
½ TL Senf
210 g Cocktailtomaten
210 g geriebener Gouda
4 EL Weißweinessig
Etwas Zucker
Salz und Pfeffer

**Nährwerte p. P.**

*468 kcal*
*47 g Kohlenhydrate*
*22 g Fett*
*20 g Eiweiß*

1 Zwiebeln schälen. Weiße Zwiebel hacken, die rote in Ringe schneiden. Gehackte Zwiebel und Schinken in 15 ml Öl 3 Minuten braten. Herausnehmen und in eine Schale geben. Mit Schmand und Frischkäse mischen.

2 Basilikum abbrausen und Blätter hacken. Tomaten säubern, vierteln und entkernen. Fruchtfleisch klein schneiden. Beides unter die Creme rühren. Mit Salz und Pfeffer abschmecken.

3 Teig vom Papier lösen und in sechs Vierecke schneiden. In der Mitte mit jeweils 1 bis 2 TL Paniermehl bestreuen. Creme in die Mitte geben. Milch und Eigelb vermengen und die Ränder damit bepinseln. Dann die Vierecke diagonal aufeinanderlegen, Ränder andrücken und auf ein mit Backpapier belegtes Blech legen.

4 Pizzataschen mit der Milch-Eigelb-Mischung bepinseln und den Käse darüberstreuen. Im heißen Ofen bei 170 °C Umluft ca. 20 Minuten goldbraun backen.

5 Währenddessen Cocktailtomaten säubern und halbieren. Salat abbrausen und Blätter zerrupfen. Senf mit Essig mischen und mit Zucker, Salz und Pfeffer verfeinern. Übriges Öl zugeben. Dressing mit Tomaten und Zwiebelringen mischen. Zu den Pizzataschen reichen.

**Tipp:** Wer es kräftiger im Geschmack mag, kann Kräuterfrischkäse verwenden!

# GEFÜLLTE GEBACKENE TOMATEN

4 Port.

22 Min.

Leicht

**Zutaten**

160 g Frischkäse
85 g Feta
510 g Rispentomaten
1 Knoblauchzehe
1 ½ EL Schmand
Salz und Pfeffer

**Nährwerte p. P.**

*236 kcal*
*7 g Kohlenhydrate*
*20 g Fett*
*8 g Eiweiß*

1 Tomaten säubern und die untere Seite mit Strunk abschneiden. Mit einem Messer oder Löffel die Tomaten von innen aushöhlen.

2 Feta zerbröckeln und mit Schmand und Frischkäse vermengen. Knoblauch schälen und dazupressen. Alles salzen und pfeffern.

3 Ausgehöhlte Tomaten mit der Masse befüllen und die "Deckel" wieder aufsetzen.

4 Im heißen Ofen bei 195 °C Ober-/Unterhitze 6 bis 8 Minuten backen.

**Tipp:** Die Tomaten schmecken auch gegrillt toll! Dafür einfach in eine Aluschale setzen und 8 bis 12 Minuten grillen.

# GRILL-MELONE MIT ZIEGENFRISCHKÄSE

3 Port. 15 Min. Leicht

**Zutaten**

55 g Ziegenfrischkäse
½ Cantaloupe-Melone
20 g Erbsenkresse
Etwas Olivenöl
Salz und Pfeffer

**Nährwerte p. P.**

*159 kcal*
*8 g Kohlenhydrate*
*13 g Fett*
*4 g Eiweiß*

1 Melone halbieren, entkernen und in Scheiben schneiden. Auf dem Grill von beiden Seiten jeweils wenige Minuten grillen.

2 Melonenscheiben auf Teller geben, etwas Ziegenfrischkäse darauf setzen und mit der Erbsenkresse bestreuen. Mit Olivenöl beträufeln und etwas salzen und pfeffern.

# Desserts

# CHEESECAKE-HAPPEN

10 Port.

3 Std. 50 Min.

Leicht

**Zutaten**

430 g Doppelrahm-frischkäse
220 g Haferkekse
140 g Zucker
75 g Butter
2 Eier
210 g Zartbitterschoko-lade
1 Vanilleschote
2 EL Speisestärke
2 TL Kokosöl
1 Prise Salz

**Nährwerte p. P.**

*438 kcal*
*38 g Kohlenhydrate*
*29 g Fett*
*6 g Eiweiß*

1 Kekse im Gefrierbeutel mit einem Nudelholz fein zerstoßen. Butter schmelzen und mit den Keksen mischen. Masse in eine ca. 25 x 18 cm große Form geben und als Boden gleichmäßig festdrücken.

2 Zucker mit Eiern, Frischkäse, Stärke, Salz und dem ausgekratzten Vanillemark vermengen. Auf dem Boden verteilen, glatt streichen und bei 155 °C Ober-/Unterhitze ungefähr 30 Minuten im heißen Ofen backen.

3 Kuchen aus dem Ofen nehmen, erkalten lassen und für zwei Stunden ins Gefrierfach stellen.

4 Kuchen in 2 x 2 cm kleine Stücke schneiden. Schokolade im Wasserbad schmelzen, Öl unterrühren und die Kuchenstücke mit einer Gabel einseitig in die Schokolade tunken. Glasur trocknen lassen und genießen.

# BEEREN-FRISCHKÄSE-SCHNITTE

8 Port.

2 Std.
45 Min.

Mittel

**Zutaten**

210 g Doppelrahm-frischkäse
95 g Zucker
95 g Puderzucker
4 Eier
60 g Himbeermarmelade
1 EL Backpulver
210 g Schlagsahne
Abrieb einer Limette
1 Prise Salz
130 g Weizenmehl
1 Handvoll TK-Beeren

**Nährwerte p. P.**

*356 kcal*
*43 g Kohlenhydrate*
*18 g Fett*
*7 g Eiweiß*

1 Beeren auftauen lassen, den Saft aufbewahren. Für den Teig Eier trennen und Eiweiß mit Salz steif schlagen. Dabei Zucker langsam unterschlagen. Eigelb nach und nach kurz unterrühren. Backpulver und Mehl obendrüber sieben und unterheben.

2 Teig auf ein mit Backpapier ausgelegtes Blech zu einem Rechteck verstreichen und im heißen Ofen bei 165 °C Umluft ca. 15 Minuten goldgelb backen. Herausnehmen und abkühlen lassen.

3 Frischkäse mit Sahne, Limettenabrieb und Puderzucker steif schlagen. 20 g Marmelade und 30 ml von dem aufgefangenem Beerensaft in Schlieren untermengen.

4 Kuchen auf ein Geschirrtuch stürzen, Backpapier entfernen, von allen Seiten gerade abschneiden und in drei Streifen mit den Maßen 11 x 22 cm schneiden.

5 Je einen Streifen mit etwas Marmelade einstreichen, dann ein Drittel der Beeren und der Creme darauf geben. Den nächsten Streifen aufsetzen und genauso verfahren. Auch mit dem dritten Streifen den Vorgang wiederholen. Bis zum Verzehr im Kühlschrank lagern.

# FRISCHKÄSE-SAHNE-DESSERT MIT SCHOKOGUSS

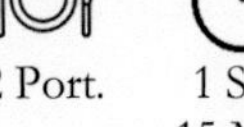
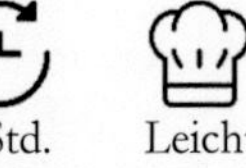

2 Port. 1 Std. 15 Min. Leicht

**Zutaten**

140 g Frischkäse
185 ml Schlagsahne
2 EL Zucker
1 Pck. Vanillezucker
95 g Vollmilchschokolade
1 EL Haselnusskrokant

**Nährwerte p. P.**

*930 kcal*
*57 g Kohlenhydrate*
*74 g Fett*
*10 g Eiweiß*

1 Frischkäse, Zucker, Vanillezucker und 140 ml Sahne zu einer cremigen, etwas festen Masse schlagen. Die Creme auf zwei Dessertgläser verteilen und für 60 Minuten kühl stellen.

2 Schokolade im Wasserbad mit der übrigen Sahne übergießen und schmelzen. Wenn die Schokolade geschmolzen ist, etwas abkühlen lassen, dann beides verrühren.

3 Guss auf die Frischkäsecreme geben und mit dem Krokant bestreuen.

# RHABARBER-FRISCHKÄSE-DESSERT MIT CANTUCCINI

4 Port.

50 Min.

Leicht

**Zutaten**

290 g Frischkäse
1 Orange
480 g Rhabarber
1 Zitrone
95 g Puderzucker
1 Pck. Vanillezucker
45 ml Vollmilch
190 g Cantuccini
5 g Minze

**Nährwerte p. P.**

*624 kcal*
*69 g Kohlenhydrate*
*34 g Fett*
*13 g Eiweiß*

1 Rhabarber säubern, Enden abschneiden, schälen und in Stücke schneiden. Orange heiß waschen und 1 TL Schale abreiben. Saft auspressen. 45 g Puderzucker in einem Topf schmelzen und karamellisieren lassen. Saft zufügen, Rhabarber untermischen und alles ein paar Minuten köcheln lassen, sodass sich der Karamell auflöst. Danach abkühlen lassen.

2 Zitrone auspressen und 2 EL des Saftes mit Milch, übrigem Puderzucker, Frischkäse, Orangenabrieb und Vanillezucker vermengen. Minze abbrausen und 4 Spitzen zur Seite legen. Cantuccini in einem Gefrierbeutel mit einem Nudelholz grob zerdrücken.

3 In vier Dessertgläser erst Cantuccini, dann die Creme und zuletzt das Kompott geben. Mit Minze toppen und verzehren.

# MOHN-KOKOS-KÄSEKUCHEN

20 Port.

2 Std. 10 Min.

Leicht

**Zutaten**

480 g Frischkäse
95 ml Apfelsaft
480 g Magerquark
190 g Butter
7 Eier
1 Zitrone
75 g getrocknete Aprikosen
430 g Weizenmehl
290 g Kokosblütenzucker
140 ml Vollmilch
2 EL Backkakao
1 EL Backpulver
2 TL Zitronensaft
1 Pck. Vanillepuddingpulver
140 g Mohnback
480 g Marzipanrohmasse
110 g Kokosflocken
1 Prise Salz

**Nährwerte p. P.**

*508 kcal*
*52 g Kohlenhydrate*
*27 g Fett*
*13 g Eiweiß*

1 Aprikosen im Apfelsaft einlegen. Zitrone heiß abbrausen, trockentupfen, Schale abreiben und Saft auspressen. Butter, 140 g Kokosblütenzucker und 1 TL Zitronenabrieb verrühren. Vier Eier nach und nach zugeben und unterrühren. Kakao, Mehl und Backpulver mischen und mit der Milch im Wechsel unter den Teig heben.

2 Aprikosen abgießen, hacken und mit Mohnback zum Teig geben. Die Hälfte des Teiges auf ein mit Backpapier belegtes Blech geben und glattstreichen. Bei 175 °C Ober-/Unterhitze im vorgeheizten Ofen 10 Minuten backen. Herausnehmen und erkalten lassen.

3 Marzipan zwischen zwei Lagen Frischhaltefolie dünn ausrollen und in breite Streifen schneiden. Anschließend auf dem Boden verlegen.

4 Übrige Eier trennen. Eigelb mit Frischkäse, übrigem Kokosblütenzucker, Quark, Vanillepuddingpulver und 2 TL Zitronensaft vermengen. Eiweiß mit 1 Prise Salz steif schlagen und unter die Masse heben. Danach auf dem Marzipan glattstreichen und den übrigen Teig darauf verteilen. Kuchen weitere 35 bis 40 Minuten fertig backen. Dann herausnehmen, erkalten lassen und mit Kokosflocken garnieren.

# HIMBEER-FRISCHKÄSE-NACHTISCH

6 Port.

1 Std. 10 Min.

Leicht

**Zutaten**

**Für das Kompott:**
3 EL kaltes Wasser
310 ml Kirschnektar
3 TL Speisestärke
45 g Zucker
1 Handvoll Himbeeren

**Für die Creme:**
310 g Frischkäse
65 g Zucker
210 g Magerquark
80 g Schlagsahne

**Außerdem:**
Etwas Rosmarin

**Nährwerte p. P.**

*365 kcal*
*32 g Kohlenhydrate*
*23 g Fett*
*9 g Eiweiß*

1 Kirschnektar im Topf aufkochen. Wasser, Stärke und Zucker in einer Tasse verrühren und dann unter den Nektar rühren. 3 Minuten köcheln lassen, dann Topf von der Platte nehmen, Himbeeren zugeben und erkalten lassen.

2 Frischkäse mit Sahne, Quark und Zucker vermengen. Creme in Dessertgläser geben und mit dem Himbeerkompott toppen. Mit Rosmarin garnieren.

**Tipp:** Für leckere Variationen können Sie das Kompott auch aus Orangensaft und Mango oder Multivitaminsaft und Aprikosen und Pfirsichen zubereiten!

# GEFÜLLTE ZIMTKEKSE

5 Port.

2 Std. 40 Min.

Leicht

**Zutaten**

**Für den Teig:**
240 g Weizenmehl
½ TL Zimt
2 TL Schlagsahne
1 Msp. Vanillemark
45 g Zucker
Abrieb einer halben Orange
110 g kalte Butter
1 Ei
½ TL Backpulver
45 g Ahornsirup

**Für die Füllung:**
95 g Frischkäse
95 g Puderzucker

**Nährwerte p. P.**

*555 kcal*
*71 g Kohlenhydrate*
*27 g Fett*
*8 g Eiweiß*

1 Zucker mit Mehl, Backpulver, Orangenabrieb, Zimt und Vanillemark auf der Arbeitsfläche häufen. Sirup sowie Ei in die Mitte geben und die Butter in Stücken auf dem Mehlring verteilen. Alles mit einem Messer durchhacken, dann umgehend zu einem Teig verkneten. Ggf. etwas mehr Mehl zugeben. Daraus eine Kugel formen, diese in Frischhaltefolie wickeln und 60 Minuten kühl stellen.

2 ⅕ vom Teig abtrennen und mit der Sahne verrühren, dabei so viel Sahne zufügen, bis der Teig spritzfähig ist. In einen Spritzbeutel mit einer kleinen Lochtülle umfüllen.

3 Übrigen Teig 3 mm dünn ausrollen. Ahornblätter aus dem Teig ausstechen und auf ein mit Backpapier belegtes Backblech legen. Mit dem Teig in dem Spritzbeutel Blattadern auf den ausgestochenen Teig spritzen. Kekse anschließend bei 175 °C Umluft im vorgeheizten Ofen 10 bis 12 Minuten backen, bis sie leicht gebräunt sind. Danach Blech aus dem Ofen nehmen und Kekse abkühlen lassen.

4 Puderzucker mit Frischkäse glattrühren, auf die Unterseite von der Hälfte der Kekse streichen und jeweils die anderen Hälften obendrauf setzen. Etwas andrücken und genießen.

# EIERLIKÖR-SCHOKO-CUPCAKES

6 Port.

1 Std.
35 Min.

Leicht

**Zutaten**

240 g Frischkäse
2 Eier
290 g Dinkelvollkornmehl
1 EL Backpulver
95 g Vollrohrzucker
2 EL Backkakao
45 ml Kokosöl
140 ml Eierlikör
45 g Zartbitterschokolade
2 ½ EL Puderzucker
1 Prise Salz

**Nährwerte p. P.**

*571 kcal*
*61 g Kohlenhydrate*
*28 g Fett*
*13 g Eiweiß*

1 Zucker, Öl, Eier und 70 ml Eierlikör schaumig schlagen. Backpulver mit Mehl, Kakao und Salz mischen und langsam unterrühren. Schokolade hacken und unterheben.

2 Teig in 12 Muffinformen füllen und im heißen Ofen bei 175 °C Ober-/Unterhitze 15 bis 20 Minuten backen. Herausnehmen und erkalten lassen.

3 4 EL Eierlikör mit Frischkäse und 2 EL Puderzucker verrühren. In einen Spritzbeutel umfüllen und auf die Muffins spritzen.

4 Übrigen Puderzucker und Eierlikör vermengen und damit die Cupcakes mit einem Teelöffel garnieren.

# BANANEN-FRISCHKÄSE-DESSERTCREME

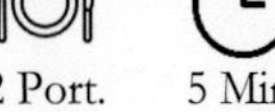

2 Port. 5 Min. Leicht

**Zutaten**

65 g Frischkäse
160 g reife Bananen
2 TL Ahornsirup
½ kleine Orange
2 TL Schokoraspel

**Nährwerte p. P.**

*248 kcal*
*31 g Kohlenhydrate*
*13 g Fett*
*4 g Eiweiß*

**Tipp:** Schmeckt auch gekühlt!

**1** Bananen schälen, in Scheiben schneiden und mithilfe einer Gabel zerdrücken. Orange auspressen und 30 ml Saft mit den Bananenscheiben in eine kleine Schale geben.

**2** Sirup und Frischkäse zugeben und alles mit einer Gabel verrühren. Schokoraspel untermischen und servieren.

# Aufstriche, Dips & Soßen

# JOGHURT-FRISCHKÄSE-AUFSTRICH MIT MÜSLI

4 Port.

2 Std.
5 Min.

Leicht

**Zutaten**

75 g Frischkäse
95 g Joghurt
2 TL Orangensaft
45 g Honig
75 g Müsli
2 TL Zitronensaft
1 reife Banane

**Nährwerte p. P.**

*220 kcal*
*32 g Kohlenhydrate*
*9 g Fett*
*5 g Eiweiß*

1 Honig, beide Säfte und Joghurt verrühren. Müsli untermengen und 2 Stunden zur Seite stellen.

2 Banane mithilfe einer Gabel zerdrücken und mit dem Frischkäse unter die Joghurt-Masse rühren.

**Tipp:** Wenn Sie den Aufstrich am Abend zuvor vorbereiten, wird er cremiger und lässt sich mit etwas Milch oder Joghurt verdünnt auch hervorragend ohne Brot genießen! Der Aufstrich eignet sich am besten für Weißbrot!

# APFEL-MÖHREN-CREME

2 Port. 20 Min. Leicht

**Zutaten**

4 EL Frischkäse (40 % Fett)
1 TL Honig
1 Möhre
30 ml Wasser
1 TL Zitronensaft
½ Apfel
5 Stängel Schnittlauch
Salz und Pfeffer

**Nährwerte p. P.**

*150 kcal*
*12 g Kohlenhydrate*
*10 g Fett*
*3 g Eiweiß*

1 Möhre schälen und klein schneiden. Apfel schälen, entkernen und ebenfalls klein schneiden. Beides mit Wasser im Topf in 8 Minuten weich köcheln.

2 Alles in ein hohes Gefäß umfüllen, Honig zugeben und fein pürieren. Abkühlen lassen.

3 Schnittlauch abbrausen und klein schneiden. Mit Frischkäse, Zitronensaft und etwas Salz und Pfeffer mischen und unter die pürierte Masse heben.

# ANANAS-FRISCHKÄSE-AUFSTRICH MIT HASELNÜSSEN

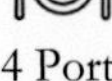

4 Port. 5 Min. Leicht

**Zutaten**

210 g Doppelrahm-frischkäse
2 EL gehackte Haselnüsse
1 Scheibe Ananas (aus der Dose)
5 Tropfen Tabasco
Salz

**Nährwerte p. P.**

*171 kcal*
*5 g Kohlenhydrate*
*15 g Fett*
*4 g Eiweiß*

1 Ananas fein hacken. Nüsse ohne Fett anrösten.

2 Beides mit Frischkäse und Tabasco mit einem Knethaken verkneten. Ein wenig salzen und genießen.

**Tipp:** Der Aufstrich schmeckt auch toll als Teil der Füllung von Putenrouladen oder als Topping für Schweinefiletmedaillons!

# ROTE-BETE-FRISCHKÄSE-AUFSTRICH

3 Port. | 1 Std. 20 Min. | Leicht

**Zutaten**

95 g Doppelrahmfrischkäse
140 g Rote Bete
1 TL Sahnemeerrettich
1 Schalotte
Salz und Pfeffer

**Nährwerte p. P.**

*108 kcal*
*8 g Kohlenhydrate*
*7 g Fett*
*3 g Eiweiß*

**1** Rote Bete säubern, Strunk abschneiden und in einem Topf mit kaltem Wasser bedecken. Geschlossen aufkochen, dann Hitze verringern und Rote Bete 40 Minuten köcheln lassen.

**2** Rote Bete kalt abbrausen, schälen und klein schneiden. Erkalten lassen. Rote Bete mit Meerrettich, Frischkäse und geschälter Schalotte fein mixen. Salzen und pfeffern und zu Brot servieren.

# HÄHNCHEN-BROTAUFSTRICH MIT KURKUMA UND KORIANDER

 4 Port.

 15 Min.

 Leicht

**Zutaten**

160 g Frischkäse
310 g Hähnchenfleisch
1 Schalotte
2 TL Kurkumapulver
6 Zweige Koriander
Salz und Pfeffer

**Nährwerte p. P.**

*282 kcal*
*5 g Kohlenhydrate*
*22 g Fett*
*17 g Eiweiß*

**Tipp:** Dazu passt Baguette!

1 Schalotte schälen und hacken. Fleisch in feine Stücke schneiden. Beides mit Kurkuma und Frischkäse mit einer Gabel verrühren.

2 Koriander abbrausen und das obere Drittel der Zweige hacken. ⅔ davon zu dem Aufstrich geben und salzen sowie pfeffern. Vor dem Servieren mit dem übrigen Koriander garnieren.

# PIKANTER FRISCHKÄSE-DATTEL-DIP

 4 Port.
 5 Min.
 Leicht

**Zutaten**

190 g Frischkäse
95 g Datteln (entsteint)
95 g Schmand
2 Peperoni
1 rote Zwiebel (halbiert)
1 Prise Salz

**Nährwerte p. P.**

*313 kcal*
*25 g Kohlenhydrate*
*23 g Fett*
*5 g Eiweiß*

1 Zwiebel mit Peperoni und Datteln fein mixen. Übrige Zutaten zugeben und nochmals mixen.

2 Dip in ein Schälchen umfüllen und mit Brot genießen.

# SCHINKEN-FRISCHKÄSE-DIP MIT DILL

3 Port.

5 Min.

Leicht

**Zutaten**

180 g Doppelrahm-frischkäse
45 g Gewürzgurken (+ etwas Gurkenwasser)
45 g Katenschinken (fein gewürfelt)
2 Stiele Dill
Salz und Pfeffer

**Nährwerte p. P.**

*172 kcal*
*4 g Kohlenhydrate*
*15 g Fett*
*7 g Eiweiß*

1 Gewürzgurken klein schneiden. Dill abbrausen und hacken. Beides mit Schinken und Frischkäse vermengen.

2 Gurkenwasser zugeben, bis die gewünschte Konsistenz erreicht ist. Salzen und pfeffern.

# SÜSSER MANGO-FRISCHKÄSE-AUFSTRICH MIT MACADAMIA

6 Port.

5 Min.

Leicht

**Zutaten**

160 g Frischkäse
310 g reife Mango
1 TL Limettenabrieb
45 g geröstete, gesalzene Macadamia-Nüsse

**Nährwerte p. P.**

*184 kcal*
*10 g Kohlenhydrate*
*15 g Fett*
*3 g Eiweiß*

1 Mango schälen, entsteinen und Fruchtfleisch klein schneiden. Nüsse hacken.

2 Frischkäse mit Limettenabrieb und Mango vermengen. Mit den Nüssen bestreuen und servieren.

# Smoothies, Shakes & Getränke

# ERDBEER-CHEESECAKE-SMOOTHIE

2 Port.

10 Min.

Leicht

**Zutaten**

180 g Doppelrahm-frischkäse
75 g Quark
10 Butterkekse
280 g Erdbeeren
260 ml Vollmilch
45 g Zucker

**Nährwerte p. P.**

*561 kcal*
*63 g Kohlenhydrate*
*28 g Fett*
*17 g Eiweiß*

1 Milch, 6 Kekse, Frischkäse und Zucker mixen. Etwas weniger als die Hälfte in ein anderes Gefäß umfüllen.

2 Erdbeeren säubern und mit in den Mixer geben. Erneut alles pürieren. Smoothie in zwei Gläser geben.

3 Den umgefüllten Teil mit dem Quark und den übrigen Keksen fein mixen. Mit einem Löffel auf den Smoothie geben und servieren.

**Tipp:** Gekühlt schmeckt der Smoothie noch besser!

# ROTER BEERENSMOOTHIE

 2 Port.  5 Min.  Leicht

**Zutaten**

190 g Frischkäse
140 g rote Johannisbeeren
190 g Vollmilch
140 g Erdbeeren
2 EL Goji-Beeren
Zucker n. B.

**Nährwerte p. P.**

*484 kcal*
*28 g Kohlenhydrate*
*37 g Fett*
*13 g Eiweiß*

1 Johannisbeeren ablösen und säubern. Erdbeeren säubern und Strunk abschneiden. Mit den Goji-Beeren ebenso verfahren.

2 Alle Zutaten im Mixer fein pürieren. In Gläser umfüllen und genießen.

**Tipp:** An heißen Tagen können Sie für eine echte Erfrischung tiefgekühlte Beeren verwenden!

# CHEESE TEA MIT SAHNE-TOPPING

2 Port. 40 Min. Leicht

**Zutaten**

**Für den Tee:**
620 ml Wasser
1 EL Zucker
2 Teebeutel n. B.

**Für das Topping:**
65 g Frischkäse
55 g Zucker
210 ml Schlagsahne
1 TL Salz
10 ml Vollmilch

**Nährwerte p. P.**

*617 kcal*
*39 g Kohlenhydrate*
*50 g Fett*
*5 g Eiweiß*

1 Wasser kochen und Tee nach Angabe aufbrühen. Zucker einrühren und lauwarm abkühlen lassen. Für einen Eistee den Tee nun in den Kühlschrank stellen.

2 Milch und Frischkäse bei hoher Geschwindigkeit mit dem Handrührgerät verrühren, dann Geschwindigkeit verringern und Sahne unterheben. Zucker und Salz untermengen und so lange weiterrühren, bis eine dickliche Creme entstanden ist.

3 Tee in zwei Tassen oder Gläser geben und mithilfe eines Esslöffels mit der Creme toppen.

# PAMPELMUSEN-FRISCHKÄSE-DRINK

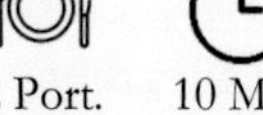

2 Port. 10 Min. Leicht

**Zutaten**

190 g Doppelrahm-frischkäse
2 Pampelmusen
30 g Zucker
380 ml Grapefruitsaft

**Nährwerte p. P.**

*431 kcal*
*58 g Kohlenhydrate*
*20 g Fett*
*8 g Eiweiß*

1 Pampelmusen aufschneiden und Fruchtfleisch zwischen den Trennwänden herausschneiden, den Saft dabei auffangen. Saft mit Frischkäse mixen, dann Fruchtfleisch und Zucker zufügen und nochmals mixen.

2 Drink in Gläser umfüllen und genießen.

# BANANEN-FRISCHKÄSE-SHAKE

1 Port.

5 Min.

Leicht

**Zutaten**

2 TL Frischkäse
210 ml Vollmilch
1 Banane
2 Eiswürfel

**Nährwerte p. P.**

*286 kcal*
*37 g Kohlenhydrate*
*12 g Fett*
*9 g Eiweiß*

**1** Banane schälen und in einen Mixer geben. Übrige Zutaten zugeben und alles fein mixen.

**2** Shake in ein Glas umfüllen und genießen.

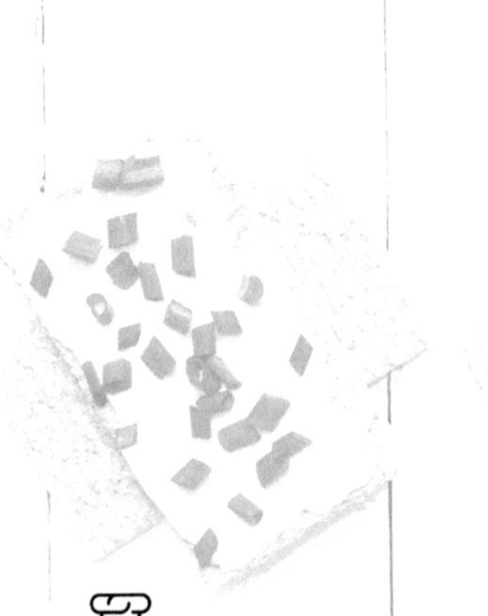

# Bonus: Fitness- und Beautyrezepte

# PROTEIN-MILCHSHAKE

1 Port.

5 Min.

Leicht

**Zutaten**

20 g Frischkäse (light)
210 ml ungezuckerte Pflanzenmilch
2 EL Erythrit
30 g Vanilleproteinpulver
34 g griechischer Joghurt (light)
3 Eiswürfel
2 Schokoladen-Doppelkekse

**Nährwerte p. P.**

*384 kcal*
*40 g Kohlenhydrate*
*18 g Fett*
*36 g Eiweiß*

1 Alle Zutaten in einem Mixer mixen.

2 In ein Glas umfüllen und genießen. Nach Belieben toppen.

**Tipp:** Damit der Milchshake schön dickflüssig wird, können Sie 1 EL Johannisbrotkernmehl oder Xanthan zufügen!

# KON FRÜHSTÜCKSGLAS MIT EI, SCHINKEN UND SPINAT TROLLE

2 Port.

15 Min.

Leicht

**Zutaten**

30 g Frischkäse
2 Eier
1 TL Rapsöl
2 dünne Scheiben Kochschinken
1 Schalotte
180 g TK-Rahmspinat
Salz und Pfeffer

**Nährwerte p. P.**

*248 kcal*
*7 g Kohlenhydrate*
*16 g Fett*
*17 g Eiweiß*

1 Eier weich kochen. Schalotte schälen und klein schneiden. Im Öl anbraten, Spinat zufügen und unter Rühren auftauen lassen.

2 Schinken in dünne Scheiben schneiden. Frischkäse mit in die Pfanne geben und ein wenig zerlaufen lassen. Salzen und pfeffern und in zwei Gläser geben.

3 Schinken auf der Spinatmischung im Glas anrichten. Eier schälen, auf den Schinken setzen und grob zerteilen, sodass das Eigelb ein wenig verläuft. Erneut würzen und servieren.

**Tipp:** Dazu passt Schwarzbrot!

# GESUNDE MAC & CHEESE

1 Port.

15 Min.

Leicht

**Zutaten**

2 EL Frischkäse (light)
95 g Streukäse (light)
70 ml fettarme Milch
120 g Dinkel-Makkaroni
Salz und Pfeffer

**Nährwerte p. P.**

*819 kcal*
*88 g Kohlenhydrate*
*29 g Fett*
*51 g Eiweiß*

1 Makkaroni nach Packungsangabe gar kochen und abgießen.

2 Auf kleiner Flamme die übrigen Zutaten zu den Nudeln geben und untermischen. Unter Rühren abwarten, bis der Käse geschmolzen ist. Heiß servieren.

# BÄRLAUCH-FRISCHKÄSE-HÄHNCHEN MIT SÜSSKARTOFFELMUS

 2 Port.
 30 Min.
 Leicht

**Zutaten**

65 g Frischkäse (light)
2 Hähnchenbrustfilets (à 130 g)
½ Bund Bärlauch
Saft einer halben Zitrone
410 g Süßkartoffeln
55 ml fettarme Milch
95 ml Gemüsebrühe
30 ml Rapsöl
1 Knoblauchzehe
1 Schalotte
½ Bund Frühlingszwiebeln (in Ringe geschnitten)
Meersalz und Pfeffer

**Nährwerte p. P.**

*575 kcal*
*55 g Kohlenhydrate*
*22 g Fett*
*40 g Eiweiß*

1 Hähnchen abwaschen und abtupfen. Längs eine Tasche einschneiden. Bärlauch abbrausen und hacken. Mit Frischkäse, Zitronensaft und etwas Salz und Pfeffer verrühren. Creme in die Taschen geben.

2 15 ml Öl in einer Pfanne erwärmen und Filets 4 bis 6 Minuten beidseitig gut anbraten. Etwas salzen und pfeffern. Danach in eine Auflaufform legen und bei 195 °C Ober-/Unterhitze im vorgeheizten Ofen ungefähr 20 Minuten backen.

3 Süßkartoffeln währenddessen schälen und klein schneiden. Schalotte und Knoblauch schälen und hacken. Im restlichen Öl alles kurz andünsten, dann Kümmel zufügen. Mit Brühe aufgießen und 8 bis 12 Minuten köcheln lassen, bis die Süßkartoffeln weich geworden sind. Überschüssige Brühe anschließend abgießen.

4 Süßkartoffeln stampfen, Milch untermengen und alles salzen und pfeffern. Mus auf Tellern verteilen, Hähnchen danebenlegen und mit Frühlingszwiebeln bestreuen.

# MOUSSE AU CHOCOLAT

 4 Port.

 3 Std. 10 Min.

Leicht

**Zutaten**

110 g Frischkäse (light)
260 g Magerquark
20 g Backkakao
70 g Eiweiß
Etwas Flüssigsüßstoff, Erythrit oder Xylit
1 Blatt Gelatine
Etwas kaltes Wasser

**Nährwerte p. P.**

*129 kcal*
*7 g Kohlenhydrate*
*6 g Fett*
*14 g Eiweiß*

1 Gelatine im Wasser 4 bis 6 Minuten lang einlegen.

2 Alle Zutaten, außer das Eiweiß, verrühren. Eiweiß steif schlagen und unterheben. Mousse für mindestens 3 Stunden kühl stellen.

# BLAUBEER-FRISCHKÄSE-TORTE MIT PUMPERNICKELBODEN

12 Port.

3 Std. 15 Min.

Leicht

**Zutaten**

410 g Frischkäse mit Joghurt
80 g geschmolzene Butter
95 g Zucker
2 TL Ahornsirup
5 große Scheiben Pumpernickel
260 g Magerquark
1 Pck. Sofortgelatine
620 g Blaubeeren
Saft und Abrieb einer halben Zitrone
95 g Schlagsahne
1 Vanilleschote

**Nährwerte p. P.**

*278 kcal*
*24 g Kohlenhydrate*
*18 g Fett*
*7 g Eiweiß*

1 Brot zerbröckeln und mit Sirup und Butter vermengen. Masse in eine Springform mit 22 cm Durchmesser geben und am Boden gleichmäßig andrücken.

2 Zucker mit Frischkäse, Zitronenabrieb und -saft, Quark und ausgekratztem Vanillemark mischen. Sahne steif schlagen und unterheben. Gelatine untermengen und alles auf dem Boden verteilen. Kuchen in den Kühlschrank stellen.

3 Beeren säubern und auf dem Kuchen anrichten. Weitere 3 Stunden kühl stellen.

# FRISCHKÄSE-HONIG-MASKE

1 Port. 25 Min. Leicht

**Zutaten**

2 EL Frischkäse
1 EL Honig

**1** Honig mit Frischkäse verrühren und in einer dicken Schicht auf dem Gesicht auftragen. Dabei Lippen und Augen aussparen.

**2** Nach 20 Minuten Maske am besten mit einem Wattepad mit warmer Milch (oder Wasser) entfernen.

# GESICHTSPEELING

1 Port.

5 Min.

Leicht

**Zutaten**

2 TL Frischkäse
1 TL Speisesalz

**1** Beide Zutaten miteinander vermengen, Peeling vor dem Schlafengehen auf Gesicht und Dekolleté auftragen und sanft einmassieren.

**2** Mit lauwarmem Wasser abspülen und anschließend mit einer feuchtigkeitsspendenden Creme eincremen.

**Tipp:** Das Peeling wirkt desinfizierend und trocknet Pickel aus, die Creme gibt der Haut anschließend wieder Feuchtigkeit.